Locuras divinas de amor

JOSÉ BRAGE TUÑÓN

Locuras divinas de amor

Pasión, Muerte y Resurrección de Jesús

EDICIONES RIALP
MADRID

© 2024 *by* José Brage Tuñón
© 2024 *by* EDICIONES RIALP, S. A.,
  Manuel Uribe 13-15, 28033 Madrid
  (www.rialp.com)

Preimpresión: produccioneditorial.com

ISBN (edición impresa): 978-84-321-6639-6
ISBN (edición digital): 978-84-321-6640-2
Depósito legal: M-33287-2023

Impreso en España   *Printed in Spain*

Anzos, S. L. - Fuenlabrada (Madrid)

ÍNDICE

INTRODUCCIÓN

Tras la buena acogida de *El combate de la oración* y *Las bienaventuranzas* me decido a publicar en esta misma colección un tercer volumen, breve y manejable. Contiene meditaciones sobre los misterios que celebramos durante el Sagrado Triduo Pascual: el Jueves Santo, el lavatorio de los pies de Jesús a los discípulos y la institución de la Sagrada Eucaristía; el Viernes Santo, la Pasión y Muerte de Nuestro Señor Jesucristo; el Sábado Santo, el amoroso silencio lleno de fe y esperanza de María; el Domingo de Pascua, la Resurrección y las apariciones del Crucificado a los discípulos. Todos estos sucesos nos hablan del amor de Jesucristo por nosotros. Un amor infatigable, incondicional, infinito. Nadie nos ama como Él. También nosotros podemos decir con san Pablo, llenos de estupor y agradecimiento: Cristo **«*me amó y se entregó por mí*»** (Gal 2, 20).

Precisamente porque este es un libro para orar, el lector encontrará de vez en cuando que el estilo del texto cambia a cursiva: lo uso cuando me dirijo en primera persona a Dios o a la Virgen, e invito así al lector a dirigirse personalmente, de tú a Tú, al Señor, y entrar de ese modo en oración. Por otra parte, las citas de la Sagrada Escritura van en negrita, para resaltar su importancia como Palabra de Dios.

Por último, me ilusiona pensar que las meditaciones de este pequeño libro sobre la Pasión, Muerte y Resurrección de Nuestro Señor Jesucristo puedan ayudar a muchas personas a vivir mejor la Semana Santa, con un mejor conocimiento de los misterios que celebramos esos días, de forma que sea una semana verdaderamente SANTA.

1. JESÚS A MIS PIES (JUEVES SANTO)

*«Quien no vive para servir,
no sirve para vivir»*

Cuando los alguaciles de los príncipes de los sacerdotes y los fariseos fueron enviados al Templo a prender a Jesús de Nazaret, regresaron con las manos vacías y esta disculpa en sus labios: **«Jamás habló así hombre alguno»** (Jn 7, 46). Nosotros ahora, que conocemos lo ocurrido en Jerusalén durante aquellas fiestas de la Pascua, podemos añadir: «Jamás *amó* así hombre alguno». Vamos a fijar los ojos en este Corazón, para aprender de sus locuras de amor. Para ello, nos trasladamos con la imaginación al Cenáculo: esa sala en el primer piso de una casa de Jerusalén, donde tuvo lugar la Última Cena de Jesús con sus discípulos.

Cuando una persona sabe que va a morir, reúne a sus seres más queridos. Los conoce bien, se preocupa por sus debilidades, e intenta darles buenos consejos que suplan sus carencias. A veces esas recomendaciones van acompañadas de un gesto inolvidable —una caricia, un apretón de manos, unas lágrimas, enderezarse en la cama o, incluso, caer de rodillas— que refuerza la idea que se quiere transmitir. Se habla de corazón a corazón, y se entregan las cosas de más valor que se poseen. Se dan encargos que no se olvidan jamás, son sagrados. Muchos años después se oirá a uno decir: «Mi padre me pidió en el lecho de muerte que cuidara de mi madre, y lo he hecho».

Algo así fue aquel momento de la Última Cena. Las autoridades judías ya han tomado la decisión de prender a Jesús. Hay tristeza y presagios de muerte en el ambiente. El Maestro sabe que le queda poco tiempo, y ha querido prever las cosas para tener esta cena entrañable con sus discípulos. **«La víspera de la fiesta de la Pascua, como Jesús sabía que había llegado su hora de pasar de este mundo al Padre, habiendo amado a los suyos que estaban en el mundo, los amó hasta el fin»** (Jn 13, 1). Y, como prueba de ese amor, durante esa cena, el Señor entregará el tesoro de su Cuerpo y su Sangre, la Eucaristía: **«Tomad y comed, esto es mi cuerpo»** (Mt 26, 26), con un encargo bien concreto: **«Haced esto en memoria mía»** (Lc 22, 19). Les abrirá su corazón —¡de qué manera!—, y les pedirá, a esos hombres vanidosos y envidiosos que hasta poco antes habían estado hablando de quien de ellos sería el mayor en el reino (cfr. Mc 9, 34 y Mt 20, 24), que aprendan a servir con humildad y que se amen unos a otros, como él los ha amado (cfr. Jn 15, 12). Y, para que quede aún más claro, realiza un gesto inaudito, cargado de fuerza: **«Se levantó de la cena, se quitó la túnica, tomó una toalla y se la puso a la cintura. Después echó agua a una jofaina, y empezó a lavarles los pies a los discípulos y a secárselos con la toalla que se había puesto a la cintura»** (Jn 13, 4-5). Dios a los pies del hombre.

Lavar los pies era un oficio de siervo, pero Tú, Señor Jesús, no temes hacerlo con tus discípulos. Entre ellos está Judas, que ya era traidor en su corazón.

Y le lavaste los pies. Se comprende la perplejidad y turbación de Pedro: *«Señor, ¿tú me vas a lavar a mí los pies? (...) No me lavarás los pies jamás»* (Jn 13, 6 y 8). *Y cuando le adviertes: «Si no te lavo, no tendrás parte conmigo»* (Ibidem, 8), *Simón Pedro reacciona, como siempre, impulsiva y vehementemente: «Entonces, Señor, no solo los pies, sino también las manos y la cabeza»* (Ibidem, 9). ¡Es grande este Pedro fanfarrón, pero con mucho amor a Ti! Me imagino que te arrancaría una sonrisa.

Vamos a detenernos en este gesto. Tú y yo somos ahora uno de los apóstoles. Sentimos el roce de las manos tibias de Jesús que nos descalza, y el frescor del agua que derrama con cuidado sobre nuestros pies. ¡Con qué cariño los lava! Los sostiene con suavidad entre sus manos y los acaricia tiernamente con sus dedos.

¡Con qué ojos llenos de amor nos mira! Da la impresión de querer grabar ese amor a fuego en nuestros corazones, como un recordatorio que infunda fortaleza en nuestras almas ante lo que se avecina.

El Señor sigue haciendo este oficio. Cada vez que acudimos al sacramento del Perdón y confesamos nuestros pecados, Jesús se arrodilla ante nosotros, nos mira con amor, y derrama con ternura infinita el agua de su gracia sobre nuestros pies manchados por el barro del pecado. Y nos limpia, no solo los pies, sino la cabeza y el cuerpo entero, como pedía Pedro —¡el alma!—, de ese polvo del camino que se nos pega, también por nuestra falta de cuidado. ¡Qué humildad la de Dios! ¡Cómo nos quiere Dios! Así lo contemplaba un sacerdote poeta:

Jesús es el más siervo de los siervos
Jesús está lavando los polvorientos pies
esos pies del oriente llevan mugre auténtica del oriente
no son los pies hermosos de Adán y Eva por el paraíso
son los pies de la historia
son las extremidades del animal caído
que camina pecando por el polvo
que peca de los pies a la cabeza
con el mundo al revés entre sus párpados
a sus pies está Dios lavando sus pies con las propias lágrimas
oh vosotros que pasáis por el camino
decid si hay una flor un ángel una mosca
más humilde que Dios
no es humilde el pequeño que se inclina ante el grande
sino el viceversa
el Eterno se ha puesto de rodillas
tiene manos de madre para los pies de Judas
vosotros que pasáis por el camino
decid si hay un amor como el de Dios madre[1].

Señor, verte así me conmueve. Tú sirviendo de rodillas, y yo, a veces, zanganeando y dejándome servir, sentado en un sofá. Tú, humilde, a los pies de tus discípulos, y yo, soberbio, no sé humillarme ante Ti en un confesonario, o por el bien de mi familia y los demás. Tú te quitas la túnica para servir, y yo no sé prescindir de lo que me estorba para darme a Ti y a los demás. Fray Luis de Granada exclamaba: «¡Oh ingratitud y miseria del linaje humano! Dios quita todos los impedimentos para servir al hombre; pues ¿por qué no los quitará el hombre para servir a Dios? Si el Cielo así se inclina a la tierra, ¿por qué

[1] IBÁÑEZ LANGLOIS, J. M., *Libro de la Pasión*, Rialp, Madrid 2003, cap. II, 6. Reproducimos la poesía tal y como la escribe el autor, sin signos de puntuación.

*no se inclinará la tierra al Cielo? Si el abismo de
la misericordia así se inclina al de la miseria, ¿por
qué no se inclinará el de la miseria al de la misma
misericordia?»*[2]. *Señor, enséñame a amar así.*

Pero volvamos a la Última Cena. Jesús ha terminado de
lavarnos los pies. Se ha vestido de nuevo su túnica. Ya
estamos recostados a la mesa en torno a Él. Nos mira
uno a uno, con cariño. Y entonces vierte sus palabras
de oro, fundidas en el crisol de ese gesto conmovedor
que acabamos de vivir, sobre nuestros corazones:
**«¿Comprendéis lo que he hecho con vosotros?
Vosotros me llamáis "el Maestro" y "el Señor", y
decís bien, porque lo soy. Pues si yo, el Maestro y el
Señor, os he lavado los pies, también vosotros debéis
lavaros los pies unos a otros: os he dado ejemplo
para que, como yo he hecho con vosotros, también lo
hagáis vosotros»** (Jn 13, 15). ¡Este es el consejo que nos
viene de Nuestro Señor Jesucristo, a punto de entregar
su vida por nosotros!

¡Esta es la recomendación de Dios que nos hace falta
escuchar para remediar nuestra mala tendencia!
Nosotros —¡tan orgullosos!— hemos de saber
perdonar y *servir* a los demás (lavar sus pies),
comenzando por los más cercanos. Servir, incluso, a
aquellos que no se portan bien con nosotros, servir a
quienes no aprecian ni agradecen ese servicio, servir
a quienes piensan que es lo mínimo que se merecen,
servir a quienes nos desprecian: como Jesús hizo
con Judas.

---

[2] Fray Luis de Granada, *Vida de Jesucristo*, Rialp, Madrid 1997, cap. XVIII.

Lavar los pies de Juan resultó fácil
eran los pies alados del amor
y amaban el agua con la inconsciencia de la juventud
Pedro en cambio nada de actos proféticos tú a mí jamás
ese tú era el océano infinito de Realidad
ese mí era un pobre leproso desnudo en la orilla
pero cuando descubrió la posibilidad de sumergirse entero
infinito leproso radiante como todo el mar
todo el poder de Cristo fue necesario para detenerlo
los pies de Judas se dejaron lavar a años luz de su corazón
el hombre simplemente abandonó sus pies en la lejanía
los dejó tirados en esa afrentosa y casi ridícula ceremonia
no estaba impresionado
era como si estuviera hecho para que le lavaran los
    abandonados pies
como si el mismo que los creó tuviera que lavárselos
por todos los jueves santos de la eternidad
las manos de Jesús fueron más tiernas
Jesús arrodillado le susurraba amor al corazón ausente
en un último desesperado esfuerzo de Dios por seducir a
    la última de sus creaturas
la última de sus creaturas miraba al techo
dejaba hacer a Dios con los pies tirados
en la lejanía
por todos los jueves santos de la eternidad[3].

Frente a los discípulos, que «**por el camino habían discutido quién era el más importante**» (Mc 9, 34), Jesús sirve a todos, sin hacer distingos y sin esperar nada a cambio. Con humildad. *Señor, qué bien me viene a mí esta lección tuya, a mí, tantas veces lleno de vanidad, de orgullo, de «postureo», de susceptibilidad,*

---

[3] Ibáñez Langlois, J. M., *Libro de la Pasión*, cap. II, 8. Reproducimos la poesía tal y como la escribe el autor, sin signos de puntuación.

de delirios de grandeza... ¡Servir! Ese es el antídoto para la enfermedad de mi alma: servir a todos con una sonrisa y el corazón agradecido por poder hacerlo. Es como si nos dijeras: «¿Tú quieres hacer algo grande con tu vida? Pues aprende a servir». **«Quien quiera ser el primero, que sea el último de todos y el servidor de todos»** (*Ibidem*, 35).

Servir; en primer lugar, a Dios, con nuestra alabanza y adoración, con nuestro trabajo bien hecho por amor a Él, con nuestra participación en la Liturgia. Pero también a los demás, a todos los que nos rodean. *Porque servir a los demás es servirte a Ti dos veces, Señor.* Servir en mi familia, poniendo y recogiendo la mesa, sacando las cosas del friegaplatos, ordenando mi habitación, levantándome a abrir la puerta o coger el teléfono, sacando a pasear al perro, poniendo una lavadora, haciendo un pequeño arreglo, llevando un vaso de agua a un enfermo, cambiando al bebé, bañando a los niños o levantándose de noche porque lloran... Servir en mi trabajo, haciéndolo con la mayor perfección humana de que sea capaz, ayudando a un compañero que acaba de empezar, poniendo en común mi experiencia para que los demás partan de ella, prestando mis apuntes —si eres estudiante— a un compañero... Servir en mi grupo de amigos, escuchándoles y acompañándoles cuando me necesitan, llevando a sus hijos al colegio con los míos, dándoles el consejo que necesitan con cariño... Servir a mis vecinos, a mis paisanos, a mis compatriotas, a todos los hombres. Porque servir es algo delicioso, «el gozo más grande que puede tener un alma»[4]. Ya

---

[4] San Josemaría, *Apuntes de una tertulia* el 16-III-1969.

lo decía Sófocles hace más de 2400 años: «Para un hombre, ayudar con lo que uno tiene y puede es la más hermosa de las fatigas»[5]. ¿Por qué? Porque ese es el sentido de nuestra vida. «Cada hombre ha sido puesto aparte, cada hombre ha sido reservado. (...) Y tú ¿qué es lo que tienes para dar al mundo? (...) Servir, ser bueno para algo, hacer bien a otro. Toda nobleza viene del don de sí mismo»[6]. No en vano, el lema del Duque de Gales es *Ich dien* («Yo sirvo», en alemán).

Recuerdo dos anécdotas relacionadas con sacerdotes. La primera ocurrió en Granada, en el curso 2008-2009. Yo vivía en un colegio mayor, y llamé a una casa donde sabía que vivía un sacerdote enfermo terminal de cáncer de páncreas, junto con otras diez o doce personas. Para mi sorpresa, fue precisamente el sacerdote enfermo quien me cogió el teléfono, buscó a la persona por la que yo preguntaba, y me la puso al teléfono. Por lo visto, aquel buen sacerdote, dolorido, y que sabía que le quedaban pocos meses de vida, no consideraba que, en esas circunstancias, fuera perder el tiempo coger el teléfono y servir a los demás[7]. *Buena lección para mí, Señor, siempre tan ocupado en mis cosas que parece que no puedo prestar estos servicios.* La segunda se refiere a otro sacerdote de frágil salud que, al final de su vida, se levantaba todos los días a las 05:30 y trabajaba con intensidad sirviendo a los demás: celebración de la Santa Misa, atención a las personas de una residencia en la que vivía, visitas a

---

[5] Sófocles, *Edipo Rey*, Tragedias, Bruguera, Barcelona 1983, p. 171.

[6] Larbaud, V., *Barnabooth*, Gallimard, París 1948, pp. 237-239, citado en Möeller, Ch., *Literatura del siglo xx y Cristianismo*, Tomo VI, Gredos, Madrid 1995, p. 174.

[7] Se trata del sacerdote D. Manuel Serván (d.e.p.), fallecido poco después.

enfermos, sustituciones en encargos pastorales de la diócesis (misas, entierros, etc.). Pese a cansarle el caminar, nunca decía que no, y comentaba con sencillez: «Hago lo que los demás no quieren hacer, pero a mí no me importa, porque lo que quiero es servir»[8]. *Y yo, Señor, ¿qué quiero...?*

¡Con qué fuerza nos lo decía el papa Francisco en la Jornada Mundial de la Juventud del 2016 en Polonia, ante cientos de miles de jóvenes de todo el mundo!: «Hoy la humanidad necesita hombres y mujeres, y en especial jóvenes como vosotros, que no quieran vivir sus vidas "a medias", jóvenes dispuestos a entregar sus vidas para servir generosamente a los hermanos más pobres y débiles, a semejanza de Cristo, que se entregó completamente por nuestra salvación. Ante el mal, el sufrimiento, el pecado, la única respuesta posible para el discípulo de Jesús es el don de sí mismo, incluso de la vida, a imitación de Cristo; es la actitud de servicio. Si uno que se dice cristiano no vive para servir, no sirve para vivir. Con su vida reniega de Jesucristo»[9]. Quien no sirve, no sirve. «Para servir, servir»[10].

Probablemente, Nuestro Señor, en lo humano, aprendió este rasgo de la Virgen, que aparece en los evangelios como una mujer muy servicial. Así, poco después que el ángel Gabriel le anunciara que iba a ser la Madre del Mesías, Hijo del Altísimo (cfr. Lc 1, 32), y enterada por el ángel del embarazo de su prima Isabel, ¿qué hace? Nos lo dice Lucas: **«María se puso**

---

[8] Se trata de Mn. Josep Leyes, que murió en Manresa el 23 de diciembre de 2009 a los 81 años.

[9] FRANCISCO, *Ceremonia de acogida de los jóvenes en el Parque Jordan*, Cracovia, 28-VII-2016.

[10] San JOSEMARÍA, *Es Cristo que pasa*, n. 51.

en camino y fue aprisa a la montaña, a un pueblo de Judá; entró en casa de Zacarías y saludó a Isabel» (Lc 1, 39-40). María va con prisas a servir. Como Jesús. Hay unas palabras maravillosas de san Ambrosio comentando este pasaje: «Desde que lo supo, María, no por falta de fe en la profecía, no por incertidumbre respecto al anuncio, no por duda acerca del ejemplo indicado por el ángel, sino con el regocijo de su deseo, como quien cumple un piadoso deber, presurosa por el gozo, se dirigió a las montañas. Llena de Dios de ahora en adelante, ¿cómo no iba a elevarse apresuradamente hacia las alturas? La lentitud en el esfuerzo es extraña a la gracia del Espíritu»[11].

Vamos a darle un poco de vueltas a esta escena, Señor. Yo ¿cómo ando de prisas para servir? ¿Me adelanto con alegría, contento de poder prestar un servicio? ¿Me parezco en esto a mi Madre, la Virgen Santísima, y a Ti? ¿O me hago el remolón, esperando a ver si lo hace otro, como si no me hubiera dado cuenta? ¿Es acaso del Espíritu Santo esa comodidad y ese orgullo que me llevan a decir basta y no seguir sirviendo? Lo que se ama no cansa, no se abandona. ¿Yo dejo de servir porque me canso? Pues si es así, tengo que mejorar mi amor, aprender a amar más y mejor, y el servicio es un buen camino para ello.

Porque, en realidad, como escribió un santo fascinado por Jesucristo: «Amar significa recomenzar cada día a servir, con obras de cariño»[12].

[11] San Ambrosio, *Ex Expositióne sancti Ambrósii epíscopi in Lucam*, Lib. 2, 19. 22-23. 26-27.

[12] San Josemaría, *Amigos de Dios*, n. 30.

2. PRESENCIA REAL (JUEVES SANTO)

«Amor con amor se paga»

En aquella noche del Jueves Santo, llena de amor y obscuros presagios, durante la Última Cena, la locura del Amor de Dios por los hombres no se detiene tras el lavatorio de los pies de los discípulos, sino que avanza imparable: **«Ardientemente he deseado comer esta Pascua con vosotros, antes de padecer, porque os digo que no la volveré a comer hasta que tenga su cumplimiento en el Reino de Dios»** (Lc 22, 15), dice Jesús a sus discípulos, abriéndoles su alma. Sabe que su presencia entre nosotros llega a su fin y, con su corazón henchido de amor por los hombres, busca una prenda que ofrecer como prueba y recuerdo de ese amor. Sabe que le necesitamos, que somos débiles y no soportaremos su ausencia. Ha de irse y quiere quedarse. Y, como es Dios, hace lo que es imposible para nosotros. Se va y se queda. Nos lo cuenta el mismo Lucas: **«Tomando pan, dio gracias, lo partió y se lo dio diciendo: "Esto es mi cuerpo, que es entregado por vosotros. Haced esto en memoria mía"»** (Lc 22, 19). Se hizo el silencio en aquella sala. Algo grande y misterioso había ocurrido. Los apóstoles sentían que se había abierto ante ellos un nuevo modo de *ser* y *estar* en el mundo, una presencia nueva y desconocida, pero real. Cogieron el pan con dedos temblorosos y, animados por Jesús, comulgaron.

Jesús ha instituido la Eucaristía: se ha hecho pan por amor para alimentarnos y robustecer nuestras almas, se ha quedado en nuestros sagrarios —¡Él mismo!—, fiado a nuestra correspondencia, porque añora nuestra amistad —«**A vosotros os he llamado amigos**» (Jn 15, 15)—, y espera desde hace siglos que nos acerquemos a tratarle con confianza. ¿Cabe mayor amor, mayor entrega? ¿Existe algo de más valor que pudiera darnos?

Pero el Señor no solo quiere nuestro bien, nos quiere a nosotros. Su amor es también «eros»[1]. Él quiere vivir con y entre nosotros, unirse íntimamente a cada uno, quedarse para siempre contigo y conmigo. Y llega a esa locura de amor de decirnos: «¡Toma, cómeme!». San Josemaría lo explicaba así: «Desde pequeño he comprendido perfectamente el porqué de la Eucaristía: es un sentimiento que todos tenemos; querer quedarnos para siempre con quien amamos. Es el sentimiento de la madre por su hijo: te comería a besos, le dice. Te comería, te transformaría en mi propio ser. El Señor nos ha dicho eso también: ¡toma, cómeme! Más humano no puede ser (...). Me sobran razones: aquí está la explicación de mi vivir. Gracias, Jesús, gracias por haberte rebajado tanto, hasta saciar todas las necesidades de nuestro pobre corazón»[2].

Señor, gracias. Gracias por haberte quedado en nuestros sagrarios. ¡Qué vacío estaría el mundo sin Ti! Gracias por estar tan disponible, quieto y en silencio, esperándome desde hace siglos. Gracias por quedarte bajo una apariencia tan amable: la de pan. ¿A quién no le gusta el pan? Si de una persona que es muy buena se dice que «es más buena que el pan», ¿qué tendríamos que decir de Ti? Gracias por

---

[1] Cfr. BENEDICTO XVI, *Deus caritas est*, n. 9.

[2] SAN JOSEMARÍA, *Notas de una meditación* el 14-IV-1960.

querer venir a mí, gracias por unirte conmigo en la Comunión. Gracias porque, como santa Catalina de Siena, al decir yo ante la sagrada Hostia consagrada: «Señor, yo no soy digno de que Tú entres en mi morada», te oigo decir a Ti: «Pero Yo, Yo sí soy digno de entrar en ti»[3]. Nadie me ama como Tú. Y gracias por enseñarme a amar: por mostrarme que amar es querer el bien del otro, pero también querer al otro y buscar la unión; es darlo todo y darse uno mismo[4]. Gracias, Señor. Voy a tratar de aprender yo esa lección: dar mi tiempo, lo que tengo, mi vida entera a Ti y a los demás, y darme yo mismo.

Porque amor con amor se paga. ¿Cómo tratas tú al Señor, presente en los sagrarios? ¿Acudes a Él con frecuencia, le buscas? ¿Entras en las iglesias donde está Jesús al pasar frente a ellas, quizás dando un paseo o de camino a casa o el trabajo? ¿Vas al sagrario a contarle tus alegrías y penas, tus ilusiones y decepciones, tus éxitos y fracasos, en una palabra, todo? ¿Cómo le saludas al entrar en una iglesia u oratorio? ¿Localizas lo primero el sagrario y haces una genuflexión pausada, con amor, mientras pones de rodillas también al corazón y le dices a Jesús algo personal y encendido: «Señor, te quiero, gracias por estar ahí»...? ¿O estás más pendiente de la arquitectura, las imágenes y las pinturas de la iglesia —o, Dios no lo quiera, de hacer fotos—, como si fueras un turista sin fe para quien la casa de Dios no es más que un edificio artístico vacío?

---

[3] Así le ocurrió a santa Catalina de Siena en el verano de 1370 (cfr. UNDSET, S., *Santa Catalina de Siena, Encuentro*, Madrid 1999, p.104).

[4] Cfr. SANTA TERESITA DE LISIEUX, Poesía «Por qué te amo, María», p. 54/22.

Piensa cómo han vivido los santos, con qué amor
han tratado a Jesús presente en la Eucaristía. En una
ocasión oí contar personalmente a D. Justo Mullor
cómo, siendo nuncio de su santidad en México
durante el viaje pastoral de san Juan Pablo II en 1999,
consiguió que un amigo le dejara un cuadro piadoso
de Botticelli para poner en la capilla que usaría el papa
en la nunciatura, donde se alojó esos días. Cuando
llegó san Juan Pablo II fueron directamente a la capilla,
donde había puesto el cuadro. El papa estuvo veinte
minutos de rodillas, rezando. Y D. Justo pensaba: «¡Le
ha gustado!». Al salir, le preguntó: «Santo Padre, ¿qué
le parece el Botticelli?». Un poco sorprendido, el papa
le contestó: «¡Ah!, sí..., bien..., también tenemos alguno
en la Capilla Sixtina...»[5]. D. Justo insistió: «Santidad, es
de los pocos Botticelli de América (o quizás el único,
no recuerdo bien), me lo ha prestado un amigo para
ponerlo aquí durante su estancia, y solo el seguro le ha
costado varios miles de dólares». Ante esto, el papa se
lo agradeció y le aclaró: «Pero yo no he ido a la capilla
por el Botticelli, sino por Jesús presente en el sagrario,
que vale más que todos los Botticelli y todos los
museos del mundo juntos»[6].

*Señor, si yo me diera cuenta, si yo tuviera esta
fe... Hago el propósito de tratarte mejor, con más
amor, con más fe, con más constancia, con más
agradecimiento, como un homenaje al valor infinito
que tiene tu presencia por amor en los sagrarios.
Voy a hacer muy bien mis genuflexiones, voy a*

---

[5] En efecto, se trata de tres grandes frescos: *Las tentaciones de Cristo,
Escenas de la vida de Moisés* y *Castigo de los rebeldes*.

[6] Redacto esta anécdota según las notas personales que tomé tras aquel
encuentro con D. Justo Mullor en el 2008.

arrodillarme unos instantes frente a Ti cuando te descubra en un sagrario, sin prisas. Y si veo una iglesia y no puedo entrar, al menos, voy a hacerlo con la imaginación, y te diré algo con el corazón: «Adiós, Jesús, no puedo entrar, pero te mando mi ángel de la guarda, para que te lleve mi cariño», o cualquier otra cosa que se me ocurra.

Si pudiéramos ver las cosas con los ojos de Dios, descorrer el velo de las apariencias, veríamos que cada sagrario resplandece de gloria como un sol, y que miles de ángeles en adoración lo rodean. Su luz inunda la iglesia, se desborda por ventanas y puertas hacia la calle, y toca a cuantos están cerca, calentando y fortaleciendo sus corazones. Haría falta tener unos ojos así, para sentir esa benéfica influencia, seguir la luz hasta su origen, y caer de rodillas agradecidos.

¿Has visto lo que ocurre con el móvil cuando detecta una red wifi? Se conecta y puede hacer muchas más cosas, y va saltando de una red a otra, intentando mantener siempre una red. Igual deberíamos estar nosotros, buscando el sagrario más cercano al que conectarnos en cada momento, para mantener nuestro diálogo de amistad con Jesucristo, presente en la Eucaristía.

Pero desgraciadamente, a veces estamos ciegos, no nos damos cuenta, y somos un poco toscos, incluso sin mala intención. Un santo obispo lo explicaba gráficamente con la historia de las primeras comuniones en una parroquia. Jesús está tranquilamente en el sagrario, cuando ve llegar al sacerdote con unos feligreses, que comienzan a mover los bancos, a poner una alfombra roja en el centro, etc. Jesús, en el sagrario, se pregunta: «¡Caramba! ¡Cuánta actividad! ¿Qué habrá hoy en la iglesia? Y mi querido párroco, se le ve muy agitado...». Al cabo de un cierto tiempo aparecen unos trabajadores con grandes centros de flores, que van poniendo en distintos sitios. Y Jesús, en el sagrario, se pregunta: «¡Qué flores tan bonitas! ¿Para quién serán?». Después aparece un coro y comienza a ensayar. Jesús, en el sagrario, se pregunta: «¿Para quién serán esos cánticos tan bonitos? Hoy pasa algo..., pero nadie me dice qué». La iglesia empieza a abarrotarse de gente, y Jesús, en el sagrario, se pregunta: «¡Cuánta gente! ¿Qué habrán organizado hoy? Pero nadie me dice nada». Finalmente aparece una fila de niños y niñas vestidos de primera comunión... Al verla, Jesús, dentro del sagrario, da un puñetazo, y exclama: «¡Conque era eso: las primeras comuniones de estos niños! Resulta que todo esto era por mí. Y a mí, ¡nadie me dice nada!». Es increíble la capacidad que tenemos de distraernos con lo accesorio, y no centrarnos en lo esencial, ¿verdad?

Jesús está en el sagrario como Amigo. Le interesa todo lo mío. Se ha quedado para que yo pueda abrirle mi alma, contarle lo que tengo en mi corazón, compartir mis sufrimientos, preguntarle lo que no entiendo, pedirle la paz que necesito o, simplemente, acompañarle con amor. Se ha quedado pobre, inerme y en silencio. Pero es un silencio que habla a gritos. Nunca estoy menos solo que cuando estoy a solas con Él. Es un Sol que ilumina, que calienta, que robustece el alma y la llena de paz.

Contaba un sacerdote chino lo ocurrido en su ciudad: los católicos estaban perseguidos, no tenían templo, y el sacerdote tenía que ir de casa en casa celebrando la Santa Misa. Los fieles le pidieron poder tener reservado al Santísimo en cada casa unos días, por turnos. El accedió, pero con dos condiciones: que fuera en un sitio digno, y que siempre estuviera acompañado. En una de las casas en la que estuvo Jesús ocurrió lo siguiente: por la mañana, llamaron del colegio a la madre para decir que su hijo estaba enfermo y convenía llevarlo al hospital. Como solo estaban ella y la chica joven, budista, que ayudaba en casa, la mujer le dijo a la chica: «Mira, tengo que salir por esta emergencia, pero no quiero dejar solo a mi Dios, que está en esa cajita de madera, junto a la vela encendida. Me gustaría que te quedaras sentada a su lado haciéndole compañía hasta que yo vuelva, sin hacer nada más». La chica asintió con sus grandes ojos abiertos de asombro. Y así lo hizo. Al volver la señora unas horas más tarde, la encontró como la había dejado, junto al improvisado sagrario. La joven budista, conmovida, le dijo: «Señora, ¿puedo quedarme un poco más? Es que, en toda mi vida, nunca he tenido tanta paz como en estas horas que he pasado junto a *su* Dios». Una chica budista...

Señor, ¿y yo? ¿Alguna vez he experimentado algo así? ¿O quizás me he acostumbrado a que las cosas que sé desde hace años por la fe ya no me afecten interiormente, y vivo como ajeno a esas verdades? ¿No se habrá enfriado un poco mi corazón? Porque si no amo lo más amable que existe sobre la tierra, Jesús en la Eucaristía, ¿cómo voy a amar lo demás?

Para recuperar y mantener esa sensibilidad interior necesitamos pasar tiempo junto a Jesús-Eucaristía. Aquella queja de san Josemaría hiere el alma: «Tenemos mucha prisa casi siempre. ¡Demasiada! Los enamorados no la tienen. Fijaos cómo se acompañan, una y otra vez... No se deciden a separarse; y nosotros, en cambio, tenemos mucha urgencia para marcharnos del sagrario...»[7].

Jesús en la Eucaristía está también como médico divino, dispuesto a vendar nuestras heridas del corazón y curar nuestras enfermedades espirituales. Desde el sagrario nos dice: «**Venid a mí todos los fatigados y agobiados, y yo os aliviaré**» (Mt 11, 28). A veces nos cansamos de amar y parece que ya no podemos seguir entregándonos, o nos agobian nuestras debilidades y miserias: buen momento para acudir a Jesús sacramentado.

Lucas, que era médico, nos cuenta el caso de una mujer **«enferma desde hacía dieciocho años»**, que «**estaba encorvada sin poder enderezarse de ningún modo**» (Lc 13, 11). Esa mujer conocía su enfermedad, y deseaba poder dirigir su mirada al cielo, pero no podía. *Como tantas veces nosotros, Señor, enfermos de tristeza, desesperanza y debilidad; encorvados por la envidia, la pereza, el orgullo o la sensualidad. Nos hacemos un lío. Nos apartamos de Dios. Y no podemos mirar al cielo, mirar con alegría y esperanza a lo que está por venir.* Pero esta mujer puso el remedio a su alcance: se situó en un lugar visible de la sinagoga, para que la viera el Señor y, dice el Evangelio, «**al verla Jesús, la llamó, y le dijo: "Mujer, quedas libre de tu enfermedad". Puso sobre ella las manos, y se enderezó al momento y daba gracias y alabanzas a Dios**» (*Ibidem*, 12-13). ¡Qué alegría sentiría! ¡Después de tantos años!

---

[7] San Josemaría, *Palabras tomadas de una tertulia con sacerdotes en Islabe (Bilbao)* el 10-X-1972.

Señor, ¿no podría yo hacer lo mismo y ponerme en silencio frente a Ti, presente en el sagrario, o en la Custodia expuesta a los fieles? ¿Acaso no tengo yo también algo que curar en mi alma? ¿No sería esa una buena ocasión para decirte: «Señor, mira, estoy encorvado por el peso de mi orgullo, de mi pereza, de mi sensualidad, de mi inconstancia, de esa mala tendencia que hay en mí...»? Mírame con compasión, y que esos rayos que salen de Ti me purifiquen y me curen, como hacen esos isótopos radioactivos que los médicos aplican a algunos tejidos enfermos para curarlos... Con aquel leproso galileo, te decimos: «Señor, si quieres, puedes limpiarme» (Mt 8, 2).

Como buen médico, Jesús sacramentado no solo nos cura, sino que previene las enfermedades del alma, nos protege y nos fortalece para resistir los ataques de los gérmenes que pululan en el ambiente. En cierta ocasión oí contar a una persona[8], testigo ocular de los hechos, la siguiente anécdota de san Josemaría: estaban viendo con él la película *7 mujeres*[9], de John Ford. La película está ambientada en una misión llevada por siete mujeres americanas, cristianas pero no católicas, situada en algún lugar de la frontera entre China y Mongolia, dominada por señores feudales y bandidos. Narra cómo aquella misión floreciente poco a poco va viniéndose abajo, tras la invasión del país por parte de Tunga Khan en el verano de 1935. Al final, las mujeres la abandonan con las pocas cosas que han podido salvar. El carro en el que van pasa bajo el cartel caído de la entrada a la misión, que está

---

[8] Se trata del gran teólogo y sacerdote D. José Luis Illanes.

[9] Película norteamericana dirigida por John Ford, protagonizada por Anne Bancroft, y estrenada en 1966.

completamente destruida por los bandidos que la han tomado. La música ayuda a crear sentimientos de desolación y tristeza. Al terminar, san Josemaría se puso de pie, y mirando a los que le rodeaban, les dijo con fuerza: «Hijos míos, esto nunca nos pasará a nosotros, porque nosotros tenemos al Señor en el sagrario». Él es nuestra fortaleza y defensa.

Jesús en la Eucaristía es también el Maestro. Un buen Maestro, que enseña con su ejemplo. *Tú, Señor, nos das tantas lecciones desde el sagrario: lecciones de humildad, de saber esperar, de saber callar, de estar disponible por amor. ¡Cuánto bien haríamos nosotros a los demás si todos fuéramos así, «predecibles» y disponibles! En la familia, en el trabajo, con los amigos.* D. Javier Echevarría, obispo prelado del Opus Dei, escribía: «Mirando al Señor sacramentado, nos persuadimos de la conveniencia de "hacernos pan"; de que los demás puedan alimentarse de lo nuestro —de nuestra oración, de nuestro servicio, de nuestra alegría— para ir adelante en el camino de la santidad. Nos convencemos de la necesidad del "sacrificio escondido y silencioso" (san Josemaría, *Camino*, n. 509), sin espectáculo ni gestos grandilocuentes»[10].

Señor, eres Maestro, ¡y qué maestro! Lo sabes todo. Tienes la password de todos los corazones, capaz de abrirlos y desbloquearlos. Nos entiendes perfectamente, eres el único que realmente lo haces. Mienten los demás cuando nos dicen: «Te entiendo perfectamente». No, solo Tú tienes las respuestas a todas nuestras dudas, a todas nuestras incertidumbres, a todas nuestras perplejidades. Incluso cuando no sabemos lo que nos

---

[10] Echevarría, J., *Carta Pastoral*, 6-X-2004, n. 19.

pasa, Tú lo sabes. Lo que pasa es que a veces te tomas tu tiempo antes de darnos una solución. Señor, ¿qué haré yo con mis dudas de fe, con las cosas que no comprendo? Acudir a Ti para que me las expliques y me hagas caer en la cuenta de su significado. Así lo hacían tus discípulos: «Señor, enséñanos la parábola» (Mc 4, 10), o aquel «Señor, enséñanos a orar» (Lc 11, 1). Y así lo hiciste, resucitado, camino de Emaús con dos de tus discípulos: «"¡Necios y torpes de corazón para creer (...)!". Y comenzando por Moisés y por todos los Profetas les interpretó en todas las Escrituras lo que se refería a Él» (Lc 24, 25-27). Hasta el punto de que se dijeron uno al otro: «¿No es verdad que ardía nuestro corazón dentro de nosotros, mientras nos hablaba por el camino y nos explicaba las Escrituras?» (Ibidem, 32).

Decía también D. Javier Echevarría: «Jesús se ha quedado en la Eucaristía para remediar nuestra flaqueza, nuestras dudas, nuestros miedos, nuestras angustias; para curar nuestra soledad, nuestras perplejidades, nuestros desánimos; para acompañarnos en el camino; para sostenernos en la lucha. Sobre todo, para enseñarnos a amar, para atraernos a su Amor»[11] (Carta 6-X-2004, n. 8). Esa es tu lección magistral: la de amar. *Tú, Señor no gritas, pero pides amor. No te enfadas, pero pides arrepentimiento. No exiges, pero mendigas atención.*

Acudimos a la Virgen, el primer sagrario de la historia. Durante nueve meses llevó en su seno a Jesús. Le pedimos que nos ayude a tratar a su Hijo, presente en nuestros sagrarios, con el mismo cariño y mimo con que ella lo hizo esos meses.

---

[11] Echevarría, J., *Carta Pastoral*, 6-X-2004, n. 8.

3. HERMANOS DE SANGRE (JUEVES SANTO)

«Las Bodas del Rey»

Algo más ocurrió en la noche del Jueves Santo. Algo que tenía todo que ver con el amor, con aquel que **«habiendo amado a los suyos que estaban en el mundo, los amó hasta el fin»** (Jn 13, 1), cita con la cual san Juan introduce la Última Cena en su Evangelio.

Las Bodas del hijo del Rey

Para entenderlo nos puede servir fijarnos en una boda entre dos personas que se aman profundamente. Primero, en la ceremonia, llevado de su amor y deseos de entrega, el novio promete a la novia: «Yo, Fulanito, te quiero a ti, Menganita, como esposa y me entrego a ti, y prometo serte fiel en la prosperidad y en la adversidad, en la salud y en la enfermedad, y así amarte y respetarte todos los días de mi vida»[1]. Luego, la novia hace la misma promesa al novio. Pero esas promesas quedan como flotando en el plano de las intenciones, hasta que la noche de bodas, por medio de la unión de los cuerpos, se hacen realidad. La entrega total de uno al otro que se promete en la ceremonia, se cumple en el lecho matrimonial. Y en ese momento, una vez consumado, el matrimonio es ya indisoluble:

---

[1] Primera fórmula del consentimiento matrimonial según el ritual católico.

«No puede ser disuelto por ningún poder humano, ni por ninguna causa fuera de la muerte»[2]. La alianza establecida entre los esposos es para siempre.

De manera análoga, en la Última Cena, Jesús anticipa sacramentalmente[3], lo que va a hacer el día siguiente, Viernes Santo, muriendo en la Cruz por todos los hombres. El Señor, la noche del Jueves Santo tomando pan, lo dio a los discípulos diciendo: **«Esto es mi cuerpo, que es entregado por vosotros»** (Lc 22, 19); y, del mismo modo, les ofreció el cáliz, lleno de vino, con estas palabras: **«Este cáliz es la nueva alianza en mi sangre, que es derramada por vosotros»** (*Ibidem*, 20). Y lo que anticipó el jueves —entrega de su cuerpo, derramamiento de su sangre por amor a nosotros— lo cumplirá el viernes, muriendo en la Cruz. Promesa primero, y cumplimiento después: es decir, ¡una boda! Una boda llena de amor. Una boda de Cristo con la Iglesia, su Esposa, a la que se entrega realmente por amor, por medio de su Cuerpo y Sangre, hasta poder decir poco antes de morir: **«Todo está consumado»** (Jn 19, 30). ¡Consumado!, como el matrimonio.

Pero el Amor de Dios por nosotros, imparable, no se conforma con lo ocurrido en ese Jueves y Viernes Santos. Quiere hacer presente su entrega amorosa a su Iglesia a todos los tiempos y en todas partes. Y Jesús

---

[2] *Código de Derecho Canónico*, canon 1141.

[3] Sacramentalmente: es decir, misteriosamente y por medio de signos sensibles. Es como si se abriera un agujero negro que nos permitiese trasladarnos en el tiempo y el espacio al lugar de la crucifixión de Jesús. Sus acciones, aunque sujetas al tiempo por ser humanas, trascienden el espacio y el tiempo por ser divinas. Es decir, atraviesan todos los siglos y están en todas partes, como un cable oculto al que nos podemos agarrar, tras abrirse ese agujero negro por la fuerza del sacramento, y que nos pone en contacto con lo ocurrido en el Gólgota.

ordena a los Apóstoles: **«Haced esto en memoria mía»** (Lc 22, 19). El «esto» es lo que Jesús hizo en la Cena: traer al presente, aquí y ahora, su entrega amorosa en la Cruz. Aunque ahora lo hacemos en sentido inverso: en vez de anticipar lo que iba a ocurrir el día siguiente, como hizo Jesús entonces, actualizamos lo que ya ocurrió aquel primer Viernes Santo. Eso es la Santa Misa. Y el modo de hacerlo es mediante la «memoria», es decir, repitiendo sacramentalmente lo que Jesús hizo en aquella Cena bendita, sus palabras y sus gestos sobre el pan y el vino. Por eso, cada Misa es el mismo Sacrificio de Cristo en la Cruz, hecho sacramentalmente presente aquí y ahora. En la Misa no se actualiza la Última Cena, sino la Cruz. En cada Misa, nuestro Señor está entregándose en la Cruz por amor a su Esposa, la Iglesia. Cada Misa es una boda. Una única boda, en realidad: la de Cristo con su Iglesia. Cuestión de amor.

Hace unos años, una de mis hermanas, poco después de morir nuestro padre y uno de nuestros hermanos meses después, se casó. Yo no era todavía sacerdote, así que me correspondía, como hermano mayor, acompañarla al altar. Recibí la invitación a la boda con esta tarjeta a mano: «Bueno, Jose, no hay mucho más que decir, solo que como ya sabes, eres el padrino. Hoy precisamente es el aniversario de la muerte de Javier, y siento que ni él ni papá puedan acompañarme. Por eso, lo que más ilusión me hace del día de la boda es teneros cerca, porque ahora empieza una nueva vida, en la que yo constituyo una nueva familia. Espero que también como mamá y papá, una buena familia. Nada más, como les he dicho al resto de los hermanos: gracias por aguantarme y quererme como soy. ¡Eso de haber nacido en una familia sana es un privilegio!

Va una sonrisa. Ana». Lo que una persona quiere en su boda, en ese momento en que se entrega a quien ama para siempre, es tener cerca a sus familiares y amigos, a quienes le quieren, para participar de esa fiesta y compartir su alegría. *Y a Ti, Señor, te pasa lo mismo. En ese momento en que entregas tu vida por amor a la Iglesia, lo que deseas es tener cerca a los tuyos, a tus amigos, a tus hermanos —¡qué orgullo, Jesús, poder escribir esto!—. Es algo natural. Por tanto, yo, que soy uno de los tuyos, estoy invitado. Tú mismo nos lo enseñaste con aquella parábola de los invitados a las bodas, que podemos meditar pensando en la Santa Misa.*

«**Un hombre daba un gran banquete**» (Lc 14, 15). Mateo dice que era «**un rey**» y el banquete, el de «**las bodas de su hijo**» (Mt 22, 2), y aquí podemos ver una imagen de Dios Padre y las bodas de su Hijo con su Esposa, la Iglesia, a quien se entrega para siempre por amor en la Cruz. El rey ha preparado con ilusión este momento, y manda a sus criados a avisar a los convidados: «**Venid, que ya está preparado**» (Lc 14, 17). Pero dice el Evangelio, refiriéndose a los invitados, que «**todos a una comenzaron a excusarse**» (*Idem*) con disculpas más bien tontas, que muestran su falta de interés. «**He comprado un campo y tengo necesidad de ir a verlo; te ruego que me des por excusado**» (*Ibidem*, 18): el campo ya estaba comprado y podía ir a verlo cualquier otro día. «**Compré cinco yuntas de bueyes y voy a probarlas; te ruego que me des por excusado**» (*Ibidem*, 19): podía probarlas cualquier otro día. «**Acabo de casarme y, por eso no puedo ir**» (*Ibidem*, 20): casado iba a estarlo toda su vida y, además, podría traer a su esposa... En el fondo no querían lo suficiente al novio. Nos podemos imaginar la tristeza del rey. Él (Dios Padre), que se siente tan orgulloso de su Hijo (Jesucristo), que ha preparado con tanta ilusión este banquete de bodas (la Misa) para los amigos (tú y yo), recibe a cambio indiferencia y desprecio. ¡Qué pena! Lucas dice que el rey se sintió **«irritado»** (*Ibidem*, 21), y mandó a sus siervos salir a las plazas y calles de la ciudad e invitar a todas las gentes que encontraran, comenzando por los pobres y enfermos (tú y yo, de nuevo), **«porque os aseguro que ninguno de aquellos hombres invitados gustará mi cena»** (*Ibidem*, 24).

Dios Padre nos invita a una fiesta: las bodas de su Hijo, que se entrega por amor a su esposa, la Iglesia, en cada Misa. No nos invita a un funeral. Nos invita a unas bodas. Nos quiere hacer partícipes de esa alegría, meternos en su familia. Dios nos da lo mejor que tiene, lo prepara todo con amor, pero tú y yo, a veces, nos resistimos. No queremos ir, preferimos otras cosas, *nuestras* cosas: un pitillo, una llamada, un aperitivo, una visita a un familiar, un rato de diversión o de descanso, trabajar y ganar más dinero. *Y te dejamos solo, Señor. ¡Qué pena! ¡Qué absurdo! Jesús, perdóname mi falta de amor. A partir de ahora, hago el propósito de poner la Misa lo primero en mi vida, quizás en mi día, sin disculpas tontas, sin indiferencia. No hay nada más importante que hacer que asistir a la Santa Misa. Cuando nos damos cuenta de esto, Señor, la Misa nos «atrapa» y ya no nos suelta.*

No invitados, sino protagonistas

Pero es que aún hay más: no solo somos invitados a esas bodas, somos protagonistas. Todos y cada uno de los cristianos somos la Esposa, la Iglesia. Cristo entrega su vida por mí en cada Misa. *No es la boda de otros, sino la mía. Y yo estoy llamado a corresponder a esa entrega tuya, Señor, con mi entrega a Ti. Viendo tu amor inmenso por mí, yo puedo aprender a amarte así. Viendo tu entrega total, yo puedo aprender a entregarme. ¿Cómo quedarse indiferentes? ¿Qué corazón de piedra habría que tener para no conmoverse ante esa entrega tuya llena de amor, Señor?* Me viene a la cabeza esa vieja canción de Los Secretos, *Nada más*[4]. Allí, se cantaba: «No puedo ofrecerte nada más que lo mío, nada más, estoy vacío, nada más. No quiero que por mí sientas indiferencia, es vulgar, es vulgar». *¿Qué más podrías ofrecerme, Señor, Tú que diste tu Vida entera, hasta la última gota de tu Sangre, en la Cruz por mí? Señor, yo no quiero ser vulgar, no quiero jamás sentir indiferencia en ese momento en que tu ofrecimiento se hace presente: la Santa Misa.*

Hace muchos años, me pasó algo que me convenció del poder que tiene la Misa de arraigar en un corazón noble, cuando se entiende su sentido. Estaba entonces en primer curso de la Escuela Naval Militar. Todos los aspirantes de primero teníamos estudio obligatorio a primera hora en una única sala enorme, donde cabía la brigada entera (más de sesenta, en nuestro caso). Presidiendo el estudio, estaban los brigadieres (cuatro alumnos de cuarto curso), que tenían sus mesas sobre una tarima. Media hora antes de acabar el estudio, comenzaba en la capilla de la Escuela la Misa diaria, así que los brigadieres avisaban: «El que quiera ir a Misa,

---

[4] Los Secretos, "Nada más" en el Álbum "Directo", 1988. En realidad, la canción original es de Mamá, grupo de pop español liderado por José Miguel Granados entre 1979 y 1982.

puede salir». Los que teníamos costumbre de ir a Misa a diario, más algún otro, nos levantábamos, salíamos del estudio, y recorríamos al trote los apenas 400 metros hasta la capilla, para regresar al finalizar. Un día, al levantarme, le dije a un compañero que estaba en la mesa de al lado: «¿Te vienes?». «¿A dónde?». «A Misa». «¿A Misa? Pero si es martes». «La hay todos los días». «Bueno, venga, sí». Y vino. Al día siguiente, volvió a oírse el aviso: «El que quiera ir a Misa, puede salir». Me levanté y miré a mi compañero, pero estaba enfrascado en su estudio, y noté que no quería levantar la cabeza y cruzar su mirada conmigo, así que pensé: «Ya fue ayer: mejor no ser pesado y no decirle nada hoy». Y me fui a Misa. Pero, para mi sorpresa, a los pocos minutos de haber empezado, se abrió la puerta y apareció ese compañero, jadeando por la carrera, se sentó y se quedó a la Misa. Al día siguiente pasó exactamente lo mismo, y lo mismo al siguiente. Así que me animé a preguntarle: «Oye, veo que te has aficionado a la Misa...». «Calla, calla, que menuda faena me has hecho...». «¿Quién, yo?». «Sí, tú. Inocentemente, me invitaste a ir a Misa un día, yo fui y me pareció una cosa buena... para un día. Pero no sabía dónde me estaba metiendo. Al siguiente día, vi que te levantabas para ir a Misa de nuevo, pero quería estudiar, así que me concentré en mis libros y ni te miré. Pero al iros todos, empecé a pensar que Jesús me decía: "Parece mentira, yo entregando mi vida por ti a cuatrocientos metros de aquí, y tú, que no vienes a acompañarme". Intenté acallar esa voz, pero no pude, así que me levanté y fui a Misa. Llegó el tercer día, y se repitió todo, pero esta vez, al quedarme, dije por dentro: "Señor, no te enfades, pero hoy tengo mucho que estudiar y no puedo ir". Pero inevitablemente volví a oír: "Parece mentira, yo entregando mi vida por ti a cuatrocientos metros de aquí, y tú, que no vienes a acompañarme". Y no pude resistirme. Así que ya ni lo intento, veo que voy a tener que ir a Misa todos los días. ¡Menuda faena me has hecho!». Y así fue; han pasado más de treinta años y ese gran amigo sigue yendo a diario a Misa…, con gran alegría.

Pero no basta con estar presente: precisamente porque soy protagonista, no puedo participar distraída y tibiamente en la Misa: ¿quién asistiría así a su propia boda? He de poner el corazón, la cabeza, mi cuerpo, todo mi ser. En una ocasión, el escritor converso franco-americano Julien Green, se lamentaba del modo de muchos cristianos de participar en la Santa Misa: «Si se les dijera que Juan y María bajaban del Calvario hablando de cosas frívolas, dirían que era imposible; sin embargo, ellos no obran de otro modo. (…) Los judíos no pudieron resistir el resplandor de la faz de Moisés y Moisés no era más que un hombre. Maniaj temió morir por haber visto la cara del Creador, cuando en realidad, no había visto más que un ángel (cfr. Jue 13, 22). ¿Qué hay escondido bajo las especies de pan y vino? Algo más que un ángel y más que Moisés, ciertamente. Una de las características más extrañas de la Misa es que no mate a las personas que asisten a ella. Escuchan tranquilamente la Misa, sin lágrimas, sin conmoción interior; es admirable. ¿Qué necesitan para conmoverse? Cualquier cosa vulgar»[5].

Para nosotros la Santa Misa es el lugar del Amor y de la conversión: Dios que se emociona con nosotros y

_____
[5] Citado en: JOURNEL, Ch., *La Misa. Presencia del sacrificio de la Cruz*, Descleé de Brouwer, Pamplona 1959, pp. 157-158.

nosotros que nos emocionamos con Él. *Jamás algo frío, vulgar, repetitivo, Señor. Jamás algo que hay que quitarse de encima lo más rápidamente posible, como si fuera un molesto trámite:* «La Misa es larga, dices, y añado yo: porque tu amor es corto»[6], *nos advertía san Josemaría. Cada día, con el amor de Juan, al descubrirte sobre el altar exclamamos:* «**¡Es el Señor!**» (Jn 21, 7), *y volvemos a arrojarnos como Pedro, llenos de fe, a tus pies:* «**¡Apártate de mí, Señor, que soy un hombre pecador!**» (Lc 5, 8) *¡Jesús, cuántas veces tendremos que hacer un acto de contrición al acabar la Misa por no haber sabido estar a la altura!*

Resuenan aquellas otras palabras de un alma enamorada de la Misa: «Es tanto el Amor de Dios por sus criaturas, y habría de ser tanta nuestra correspondencia que, al decir la Santa Misa, deberían pararse los relojes»[7]. Y apagarse los móviles. Y cesar los cuchicheos. Y desaparecer el mundo entero para quedarnos frente a frente con Jesús. ¿No has visto esos novios en el día de su boda que parece que no tienen ojos más que para el otro? No nos vaya a ocurrir lo que contaba un señor que fue a Misa con su mujer. Nada más empezar, su mujer le dijo: «¿Te has fijado en menganita? Parece que está esperando otra vez». El marido contestó: «Pues no, no me había fijado». Al cabo de un rato, le pregunta de nuevo: «¿Has visto el hijo de los tal? Parece que cojea, debe haberse hecho un esguince...». «Pues la verdad es que no me había dado cuenta», contestó el marido. La Misa avanzaba, y la mujer volvió a preguntarle: «¿Te has fijado que Menganito está mucho más delgado? No debe ir bien

---

6 San Josemaría, *Camino*, n. 529.

7 San Josemaría, *Forja*, n. 436.

su enfermedad». El pobre marido contestó: «Ahora que lo dices es verdad, pero no me había fijado». Y entonces, a modo de resumen, su mujer le dijo: «¡Ay, hijo! ¡No te enteras de nada! ¡Qué distraído estás en Misa!». Sin comentarios.

Cuando el Señor contó aquella parábola de los invitados a las bodas, imagen de la Misa, en la versión de Mateo, uno de los comensales de última hora no vestía adecuadamente: «**Amigo, ¿cómo has entrado aquí sin llevar traje de boda?**» (Mt 22, 12), le pregunta el rey. Y es expulsado fuera. El papa Benedicto XVI, siguiendo a san Gregorio, se preguntaba: «¿Qué clase de vestido le faltaba?» Y responde: «El vestido del amor»[8]. Así hemos de acercarnos a Misa nosotros, con mucho amor, manifestado en atención e interés: ese es el vestido que nunca debe faltar. Cuando el Señor predicó en la sinagoga de su tierra, dice Lucas que «**todos los ojos estaban fijos en Él**» (Lc 4, 16). Y el mismo Benedicto XVI recordaba el comentario de Orígenes: «¡Bienaventurada es la asamblea de la que la Escritura dice que los ojos de todos estaban fijos en Él! ¡Cuánto desearía que esta asamblea diera un testimonio así, que los ojos de todos (...) —no los ojos del cuerpo, sino los del alma— vieran a Jesús!»[9]. *Señor, ¡cómo nos gustaría vivir así la Misa!*

Muchas veces lo primero que vemos al asistir a Misa son los ritos que tienen lugar, la ceremonia en sí, las oraciones que se dicen, lo que hace el sacerdote, los ornamentos que viste, etc., pero todo eso está animado

---

[8] Benedicto XVI, *Homilía en la Santa Misa Crismal*, 5-IV-2007.

[9] Orígenes, *Homilía sobre Lucas*, 32, 6. Citado por: Benedicto XVI, *Audiencia general*, 2-V-2007.

por el Amor de Cristo que se me entrega. Podríamos decir que la Misa es como un beso[10]. Un beso de Dios. Un beso que reclama otro beso como respuesta por nuestra parte. De hecho, así empieza y acaba la Misa, con un beso del sacerdote al altar, que representa a Cristo. El beso es la manifestación sensible del amor. Es el alma quien besa. La persona entera. Y, del mismo modo que en un beso lo importante no es el movimiento de los labios, sino ese amor, lo importante en la Misa no son los ritos, sino el amor y la entrega que encierran. Pero eso no quiere decir que los ritos no sean necesarios, como el beso es necesario entre enamorados, porque hay cosas que solo se pueden decir besando. Como dice Pablo Neruda: «En un beso sabrás todo lo que he callado»[11]. A través de los ritos, el amor de Cristo Vivo me alcanza, y a través de esos mismos ritos puedo corresponder a su amor y entregarme a Él. La Misa es un rito que besa.

Por tanto, ¿cómo vivir mejor la Santa Misa? No se trata de hacer muchas cosas, de mover mucho los labios, sino de poner mucho amor —alma y cuerpo—, en lo que hacemos y decimos. Como en un beso. Se trata de vivir aquel lema de San Benito: «*Mens nostra concordet voci nostrae*»[12], que nuestro espíritu concuerde con nuestra voz. Y no solo con nuestra voz, sino con nuestros gestos durante la Misa. Sintonizar nuestro corazón con lo que está pasando, con lo que el cuerpo dice y hace. Así, por ejemplo, si me golpeo el pecho mientras digo «Por mi culpa, por mi culpa,

---

[10] Tomo las ideas de este párrafo de: MANGLANO, J. P., *El beso de Dios: entrar desde la afectividad*, Freshbook, Madrid 2018.

[11] NERUDA, P., *El coloquio maravillado*, 1923.

[12] SAN BENITO, Regula, cap. 19, 7.

por mi gran culpa», ese gesto debería despertar mi corazón a la compunción verdadera por mis pecados y mis deseos de ser perdonado. Si canto el gloria, que es un cántico de alegría por el nacimiento del Salvador entonado por los mismos ángeles en Belén, no puedo estar bostezando y aburrido, o con cara triste, sino que debería excitar en mi corazón los sentimientos de desbordante alegría y alabanza jubilosa a Dios por ser tan bueno. Si me arrodillo para la consagración o tras la comunión, he de intentar que ese gesto corporal de adoración vaya acompañado por la actitud interior de mi corazón, arrodillado ante la majestad de Dios. Si me pongo de pie para escuchar el Evangelio, no es para mirar mejor la gente que tengo alrededor, sino para prestar una atención más respetuosa a la Palabra de Dios. Si, al final de toda la plegaria eucarística, a través de la cual Cristo ha hecho presente su entrega amorosa por mí y la Iglesia, yo no respondo con un «amén» («así sea») fuerte y claro, que significa que yo también me uno al sacrificio de Jesús, poniendo mi vida junto a la suya, es que no estoy enterándome de lo que ha pasado en la Misa, que no he sintonizado mente y corazón. Ese «Amén» es como el «*fiat*» de la Virgen, «**hágase en mí según tu palabra**» (Lc 1, 38). Y así con tantos otros momentos...

*Jesús, me gustaría ser capaz de excitar en mi corazón, en cada momento de la Santa Misa, el sentimiento adecuado a lo que el rito, con sus palabras y gestos, trata de expresar: adoración, alegría, tristeza, júbilo desbordante, compunción, alabanza, acción de gracias, petición por los necesitados, recuerdo cariñoso de los santos, admiración ante los mártires y la inocencia de las vírgenes, etc. Porque así no te obligaría a repetir ese reproche de Isaías que dirigiste a los fariseos: «**Este pueblo me honra con los labios, pero su corazón está**

muy lejos de mí. Inútilmente me dan culto» (Mc 7, 6-7).
*Benedicto XVI, dirigiéndose a sacerdotes, decía: «El
elemento fundamental de la verdadera ars celebrandi
(arte de celebrar) es, por tanto, esta consonancia,
esta concordia entre lo que decimos con los labios y lo
que pensamos con el corazón»*[13]. *Mens concordet voci.
Pero, Señor, me tienes que ayudar, porque este arte es
difícil. Porque, ordinariamente, en la oración nuestras
palabras expresan los sentimientos que previamente
tenemos en el corazón. Pero, en la Misa, pasa al revés:
son las palabras fijas del rito las que expresan los
sentimientos que nosotros hemos de evocar en nuestro
corazón: ansias de cumplir la Voluntad del Padre, afán
de almas y de expiación, amor y agradecimiento filial al
Padre, entrega generosa a la Iglesia, recuerdo amoroso
de la Virgen y los santos, intercesión por los vivos y
difuntos, etc. Y, al hacerlo, pasa algo maravilloso. Que
nos vamos asemejando a Ti. Porque esos sentimientos
que expresan las oraciones de la liturgia de la Misa
han sido madurados a lo largo de siglos en millones de
cristianos bajo la acción del Espíritu Santo, tu Espíritu,
Jesús. Y tienen la capacidad de transformar nuestra
personalidad*[14] *para cumplir lo que pedía san Pablo:
«**Tened entre vosotros los mismos sentimientos que
tuvo Cristo Jesús**» (Flp 2, 5).*

Hermanos de sangre

Cuando tenía dieciséis años, una noche de verano
en el sur, sentado en un banco público, me hice

---

[13] BENEDICTO XVI, *Encuentro con sacerdotes de Albano*, 31-VIII-2006.

[14] Esta es la tesis de: HILDEBRAND, D., *Liturgia y personalidad*, Cuadernos Phase, n. 216, Barcelona 2013.

hermano de sangre de un buen amigo. Con una navaja ambos nos hicimos un corte en la mano, y luego nos las estrechamos, apretando con fuerza, de modo que, al menos simbólicamente, nuestras sangres se mezclaran. Era un gesto, sí, y ahora que lo recuerdo me sonrío pensando que probablemente estábamos un poco «perjudicados» en ese momento —recuerdo una botella de alcohol en el mismo banco—, pero ese gesto expresaba el sincero deseo de una estrecha amistad perdurable, como así ha sido, gracias a Dios.

Me ilusiona pensar que eso es lo que corre en cada Misa, Señor. Precisamente porque soy protagonista, la corriente de amor que brota de tu Cuerpo entregado y de tu Sangre derramada, me alcanza y me transforma, empujándome a corresponder con mi amor y entrega a Ti. Mezclamos nuestras sangres y, juntos, como hermanos de sangre, nos ofrecemos al Padre que, siempre, acepta esa ofrenda que viene de Ti, y un poquito de mí. Y esa corriente viva de Amor en la que me veo inmerso es el Espíritu Santo, «la fuente que mana y corre»[15], tal como la vio san Juan de la Cruz. Una fuente que fluye eternamente desde el Padre hacia el Hijo, volviendo de nuevo a su origen transformada en ofrenda. Porque en Ti, Jesús, estoy yo, mezclando mi sangre —mi vida—, con la tuya. Por eso, yo puedo decir: «"Nuestra" Misa, Jesús»[16].

Benedicto XVI lo explicaba maravillosamente a los jóvenes, con el ejemplo de una reacción de fisión

---

[15] San Juan de la Cruz, poema «*Que* bien *sé* yo la fuente», compuesto durante su injusto encarcelamiento en Toledo en 1578, junto con las 31 primeras estrofas del *Cántico espiritual*.

[16] San Josemaría, *Camino*, n. 533.

nuclear. Comenzaba su homilía afirmando: «En la Eucaristía la adoración debe llegar a ser unión». Esa es la manera de participar en la Misa. Mezclar nuestra sangre con la de Cristo. Y continuaba explicando como en la Última Cena, Jesús, «haciendo del pan su Cuerpo y del vino su Sangre, anticipa su muerte, la acepta en lo más íntimo y la transforma en una acción de amor». De este modo, se ha producido una primera «fisión nuclear» en lo más íntimo del ser: «Lo que desde el exterior es violencia brutal —la crucifixión—, desde el interior se transforma en un acto de un amor que se entrega totalmente». Esta primera fisión es la «victoria del amor sobre el odio, la victoria del amor sobre la muerte». Y esta «íntima explosión del bien que vence al mal puede suscitar después la cadena de transformaciones que poco a poco cambiarán el mundo». Así, después de transformar la violencia y amor, «pan y vino se convierten en su Cuerpo y su Sangre. Pero llegados a este punto la transformación no puede detenerse, antes bien, es aquí donde debe comenzar plenamente. El Cuerpo y la Sangre de Cristo se nos dan para que también nosotros mismos seamos transformados. Nosotros mismos debemos llegar a ser Cuerpo de Cristo, sus consanguíneos. Todos comemos el único pan, y esto significa que entre nosotros llegamos a ser una sola cosa. La adoración, como hemos dicho, llega a ser, de este modo, unión»[17]. Nos introducimos en esa «fuente que mana y corre» del Amor de Dios. Nos hacemos hermanos de sangre de Jesús.

Esta corriente es tan imparable que, desde la Misa, se desborda a lo largo de nuestro día en actos de amor, de adoración, de acción de gracias y petición de perdón

---

[17] Benedicto XVI, *Homilía en Marienfeld (Colonia)*, el 21-VIII-2005, con motivo de la XX Jornada Mundial de la Juventud (JMJ).

y, sobre todo, nos empuja a la entrega por amor, como Jesús. Asistir a diario a Misa es como signar nuestro día con la señal de la cruz. Nuestra vida y nuestros días adquieren esa estructura sacramental: primero voy a Misa y pongo en la patena, junto al Cuerpo y la Sangre del Señor todos mis deseos para ese día de entrega por amor. Juntos, Jesús y yo, lo ofrecemos al Padre y Él lo acepta. Pero luego, tengo que hacer realidad esos deseos a lo largo del día, para no desdecirme de mi entrega anticipada en la Misa, y lo hago con mi trabajo hecho con perfección y ofrecido a Dios, con mi trato lleno de caridad a todos los que me rodean, con el *amoroso cumplimiento de mis obligaciones, etc.* Por eso, san Josemaría decía con frecuencia que la Misa es «centro y raíz»[18] de la vida interior.

Recuerdo un sacerdote que me contaba cómo, a lo largo del día, cuando una tarea cualquiera le costaba especialmente, procuraba esforzarse en hacerla bien, mientras decía por dentro: «Esto para el saco, Señor». Más adelante, quizá alguien le hablaba de manera impertinente, y él volvía a decir interiormente mientras procuraba sonreír: «Esto para el saco, Señor». Y si rezaba unas oraciones, también entonces decía: «Esto para el saco, Señor»... Así, iba pasando su día, llenando ese saco imaginario, hasta que al llegar la siguiente Misa, lo sacaba, bien lleno de vencimientos y sacrificios, y lo vertía con la imaginación sobre el altar para ofrecérselo a Dios, en unión a Cristo, por todos los hombres. Y con la confianza de que el Espíritu Santo hiciera de esa ofrenda suya una ofrenda agradable a Dios, tal y como se dice al final del ofertorio: «Orad,

---

[18] Cfr., por ejemplo: San Josemaría, *Forja*, n.69.

hermanos, para que este sacrificio, mío y vuestro, sea agradable a Dios Padre Todopoderoso»[19]. Como decía el jesuita Pierre Olivaint (recuérdese que en aquella época solo había misas por la mañana): «Por la mañana, en la Misa, yo soy el sacerdote y Jesús es la víctima; durante la jornada, Jesús es el sacerdote y yo soy la víctima»[20].

¿No podría yo, Señor, ir llenando a lo largo de mi día ese «saco» con vencimientos, actos de amor, sacrificios, ilusiones y alegrías, decepciones y penas, para llegar así bien «cargado» a la Santa Misa? ¿No podría yo, Señor, aprender en esta escuela de amor lo que significa darse por amor, lo que significa el sacrificio por amor? Porque todo en el altar habla de ese don de sí, de la dinámica oblativa: las velas se consumen para dar luz en honor a Dios, las flores sobre el altar ofrecen su belleza en honor a Dios, el incienso se quema para elevar su perfume como homenaje a Dios en las alturas, Cristo entrega hasta la última gota de su sangre al Padre por nosotros... ¿qué pongo yo, Jesús?, ¿qué ofrezco, qué doy?

Vamos a terminar. **«Maldito sea el hombre que hace las obras de Dios con pesar y negligentemente»** (Jer 48, 10). Nada embrutece tanto como el hacer repetidamente y sin atención las cosas que se refieren a Dios. Y nada hay más grande que la Misa. «Dile al Señor que, en lo sucesivo, cada vez que celebres o asistas a la Santa Misa, y administres o recibas el Sacramento Eucarístico, lo harás con una fe grande,

---

[19] Ofertorio de la Santa Misa.

[20] Citado en: CANTALAMESSA, R., *L'anima di ogni sacerdocio*, Áncora, Milano 2010, cap. V, 3.

con un amor que queme, como si fuera la última vez de tu vida. — Y duélete, por tus negligencias pasadas»[21]. *Señor, te pedimos perdón por las misas que hemos vivido tibia y anodinamente.*

Y a la Virgen Santísima —¿cómo serían sus Misas?— que fue hecha Inmaculada para traerte una sola vez al mundo, le pedimos que nos ayude a recibirte con las mejores disposiciones de que seamos capaces.

[21] San Josemaría, *Forja*, n. 829.

4. NOCHE DE BODAS (VIERNES SANTO)

«Baja de la Cruz, es hora de que suba yo»

El Viernes Santo fue la noche de bodas de Jesús con su Iglesia. Lo que Jesús prometió durante la Última Cena, entregar su Cuerpo y derramar su Sangre por sus discípulos, lo cumplió el Viernes Santo, ¡y con cuanto amor! No existe mayor prueba de su amor por los hombres, como Él mismo nos lo advirtió: **«Nadie tiene amor más grande que el que da la vida por sus amigos»** (Jn 15, 13). La meditación de la Pasión del Señor ha hecho muchos santos, porque nos descubre su amor inmenso por nosotros.

Recuerdo haber visto un vídeo en el que una monja contaba su conversión. Ella era una chica joven, escaladora profesional y un tanto agnóstica. En un viaje a África para escalar una montaña, se alojó en una hospedería llevada por unas monjas católicas francesas. Su cuarto era austero: una cama, una mesa, una silla y una pequeña estantería en la que había un libro. Lo cogió y comenzó a leerlo. Era el *Vía Crucis*, de san Josemaría Escrivá. Al poco comenzó a llorar, y al terminarlo ya se había iniciado su conversión. «Lo que me conmovió de aquel libro fue que, a pesar de que narrara una historia terrible —la agonía de un condenado a muerte en la Cruz—, en cada página salía la palabra amor». Es precisamente el Amor de Jesús el que ha transformado la Cruz, ese instrumento de violencia y tortura, en un signo de amor que cuelga en los dormitorios de millones de matrimonios, adorna el pecho de millones de cristianos en todo el mundo, y ha dado tanto consuelo en los últimos momentos a millones de moribundos. Recuerdo, por ejemplo, una anciana —tenía casi cien años— a la que iba a atender a su casa, a la que le gustaba repetir, siempre con renovada emoción, este soneto anónimo:

No me mueve, mi Dios, para quererte
el cielo que me tienes prometido,
ni me mueve el infierno tan temido
para dejar por eso de ofenderte.

¡Tú me mueves, Señor! Muéveme el verte
clavado en una cruz y escarnecido;
muévenme ver tu cuerpo tan herido;
muéveme tus afrentas y tu muerte.

Muéveme, en fin, tu amor, y en tal manera
que aunque no hubiera cielo, yo te amara,
y aunque no hubiera infierno, te temiera.

No me tienes que dar porque te quiera,
pues aunque lo que espero no esperara,
lo mismo que te quiero te quisiera[1].

Frente a tu Pasión, Señor, no puedo limitarme a ser un simple espectador, porque yo estoy personalmente implicado. Mis pecados han causado todo aquello: tu

---

[1] Este soneto es una de las joyas de la poesía mística castellana de la segunda mitad del siglo XVI. Aunque su autor permanece desconocido, se atribuye tanto a san Juan de Ávila como a Miguel de Guevara, que lo publicó en su obra *Arte doctrinal y modo general para aprender la lengua matlazinga* (1638).

abandono, el juicio injusto, tu soledad y angustia, los
gritos de la plebe enloquecida —«¡Crucifícalo!»—, los
azotes, la corona de espinas y las burlas, el desprecio y
la crueldad de las gentes que te veían pasar con la Cruz
a cuestas, los clavos, la agonía de la crucifixión, tu dolor
y tu sed. Yo estaba allí, Señor. En la película *La Pasión*
de Cristo[2], de Mel Gibson, hay una escena en que se ve
cómo clavan una de las manos del Señor al madero. Las
manos de verdugo que agarran el clavo y lo golpean con el
martillo son las del propio Mel Gibson que quiso, con ese
gesto, dar a entender que también él había causado, con
sus pecados, la Pasión del Señor. Por eso, podemos decir
con San Pablo, llenos de admiración: Cristo **me amó y se
entregó a sí mismo por mí** (Gal 2, 20). *Por mí. Por amor
a mí, Señor, entregaste tu vida en la Cruz.*

Getsemaní

La Pasión comienza con la oración en el Huerto de
los Olivos. El Señor abandona el Cenáculo y, con sus
discípulos, se dirige a Getsemaní, un lugar que había
sido escenario de tantas oraciones, enseñanzas y
conversaciones entrañables entre ellos. Mientras
caminaban, aún resonaban en el corazón de Jesús
las últimas palabras que escuchó a Pedro al acabar la
cena: **Aunque tenga que morir contigo, jamás te
negaré.** Y Mateo, que estaba allí, anota que **todos
los discípulos dijeron lo mismo** (Mt 26, 35). Al
llegar al Huerto de los Olivos, en opinión de algunos,
propiedad de María, la madre de Marcos, Jesús dice

---

[2] *La Pasión de Cristo*, dirigida y coproducida por Mel Gibson, que es
también coguionista de esta. Fue estrenada en EE. UU. en 2004.

a sus discípulos: «**"Sentaos aquí, mientras voy allá a orar"**». Y llevándose a Pedro y a los dos hijos de Zebedeo, empezó a sentir tristeza y angustia. Entonces les dijo: **"Mi alma está triste hasta la muerte; quedaos aquí y velad conmigo"**» (*Ibidem*, 37-38). Jesús busca la compañía y el consuelo de sus discípulos más íntimos, Pedro, Santiago y Juan —los mismos que le acompañaron en la Transfiguración (cfr. Mt 17, 1)—, quiere apoyarse en ellos para sobrellevar la angustia y la tristeza que atenazan su alma. ¡Qué sentimiento tan humano! La necesidad de ser confortado por los amigos, por aquellos que amamos. Una pena compartida es menos dolorosa que si se lleva en solitario. ¡Tantas veces, Jesús, nos pides que te acompañemos con nuestra oración y nuestras obras en la lucha contra el mal y el pecado en el mundo! *¡Tantas veces buscas nuestro consuelo! Nos pides que compartamos tu sufrimiento, cargando nuestra cruz de cada día (cfr. Lc 9, 23) con una sonrisa, por amor a la Voluntad del Padre y a todos los hombres. Y, a veces, nos resistimos... ¡perdónanos, Señor!*

«**Y adelantándose un poco cayó rostro en tierra y oraba diciendo: "Padre mío, si es posible, que pase de mí este cáliz. Pero no se haga como yo quiero, sino como quieres tú"**» (*Ibidem*, 39). Jesús ora con todo su ser, también con el cuerpo: «**cayó rostro en tierra**». *Nos enamora verte así, Señor, en oración. El misterio de una oración en la que pareces abandonado en tu soledad. Pero una oración llena de confianza a tu Padre —«¡Padre mío!»—, en la que pides con sencillez y delicadeza lo que anhelas —«Si es posible, pase de mí este horror»—, pero en la que, a la vez y sobre todo, te identificas con la Voluntad del Padre —«**pero no se haga como yo quiero, sino como***

*quieras Tú»—. Y eso, a pesar de que contraría todo
tu ser: tus sentidos, afectos, y deseos... Tu Corazón se
estremece angustiado ante lo que se te viene encima,
hasta el punto que Lucas dice que entraste «**en
agonía**» (Lc 22, 43) y te sobrevino «**un sudor como
de gotas de sangre**» (Ibidem, 44). Señor, enséñame
a amar así la Voluntad del Padre, enséñame a decir
«sí» en los momentos de prueba. María, enséñame a
decir contigo: «Hágase en mí lo que Tú quieres, Señor».
Es lo que rezamos en el Padrenuestro: «**Hágase tu
Voluntad, en la tierra como en el cielo**» (Mt 6, 10).*

**«Y volvió a los discípulos y los encontró dormidos.
Dijo a Pedro: "¿No habéis podido velar una hora
conmigo? Velad y orad para no caer en la tentación,
pues el espíritu está pronto, pero la carne es débil"»**
(Mt 26, 40-41). *Señor, ¡cuántas veces yo fallo también
en acompañarte en la oración! Y eso a pesar de oírte,
como te he oído tantas veces, susurrarme: «**Mi alma
está triste hasta la muerte; quedaos aquí y velad
conmigo**» (Ibidem, 38), «hijo mío, vela conmigo por
toda la humanidad, reza conmigo», «te he elegido a
ti para acompañarme, consolarme, ayudarme», «mi
alma está triste», «me muero de tristeza»... Y yo...
¡me quedo dormido!, como los apóstoles... Me dedico
a otra cosa. Se me van cerrando los ojos en vez de
orar, porque los pongo en el WhatsApp y me distraigo
voluntariamente... Y, claro, luego te traiciono. ¡Qué
pena, Jesús! ¡Qué poco amor te tengo todavía! Voy a
intentar cambiar, lo voy a lograr con tu ayuda, y vas a
tener en mí un alma, con miserias, sí, pero que trata de
consolarte torpemente, como puede, en su oración.*

**«De nuevo se apartó por segunda vez y oraba
diciendo: "Padre mío, si este cáliz no puede pasar**

sin que yo lo beba, hágase tu voluntad". Y viniendo otra vez, los encontró dormidos, porque sus ojos se cerraban de sueño. Dejándolos de nuevo, por tercera vez oraba repitiendo las mismas palabras. Volvió a los discípulos, los encontró dormidos y les dijo: "Ya podéis dormir y descansar. Mirad, está cerca la hora y el Hijo del hombre va a ser entregado en manos de los pecadores. ¡Levantaos, vamos! Ya está cerca el que me entrega"». (*Ibidem*, 42-46)

Tres veces va Jesús a sus tres discípulos más íntimos en busca de consuelo, y tres veces los encuentra dormidos, pero Él insiste en su oración. *¡Cuánto tengo que aprender de esta perseverancia tuya en la oración, Señor! Yo, que tantas veces acudo a mi oración con peticiones y deseos, y si no se cumplen, si no me contestas, si no me haces sentirte cerca, si no me concedes sentimientos positivos y agradables, me contrarío y digo: «Dios no me escucha, no me responde, ¿de qué sirve rezar?». ¿Cuándo aprenderé, Jesús, a abrirme a la lógica de Dios Padre y su misterio, con una actitud de respeto y docilidad, como Tú hiciste? ¿Cuándo me daré cuenta que la respuesta de Dios es la transformación de mi corazón, aunque no lo note, para amar su Voluntad, y no palabras o consuelos sensibles? ¿Cuándo entenderé que, precisamente en los momentos bajos, de tristeza y angustia, cuando tengo el alma agitada e inquieta, oscura y seca, es cuando más necesito orar ante el Padre, para acogerme a su protección, serle muy fiel y no hacer tonterías? Señor, verte tan solo me conmueve..., me gustaría acompañarte, abrazarte y secar tu sudor y tu sangre, con el paño blanco de mi amor limpio..., quiero quedarme junto a Ti y velar contigo, como me pides. Como han hecho los santos.*

Yo tenía entonces este modo de oración: como no podía discurrir con el entendimiento, procuraba representar a Cristo dentro de mí, y me encontraba mejor —me parece— en los momentos donde le veía más solo. Me parecía que, estando solo y afligido, como persona necesitada me había de admitir a mí. De estas simplicidades tenía muchas. En especial me hallaba muy bien en la oración del Huerto: allí le acompañaba; si podía, pensaba en aquel sudor y aflicción que allí había tenido; deseaba limpiarle aquel sudor tan penoso, pero me acuerdo que jamás osaba decidirme a hacerlo, pues se me hacían presentes mis pecados tan graves (...). Durante muchos años, la mayoría de las noches, antes de dormirme, cuando me encomendaba a Dios para dormir, siempre pensaba un poco en este paso de la oración del Huerto[3].

La oración es el camino para amar la Voluntad de Dios. Poco a poco vamos entendiendo y amando los planes de Dios, hasta identificarnos totalmente con Él. San Rafael Arnáiz (1911- 1938), monje trapense fallecido en abril de 1938, a la edad de veintisiete años como consecuencia de una larga enfermedad, es un buen ejemplo. El hermano Rafael gozaba con la vida de trapense, pero la enfermedad le impide seguirla. Recluido en la Enfermería, el día diez de enero de 1937 anota en su cuaderno íntimo bajo el título «¡El Señor me la dio, el Señor me la quitó!» estas palabras:

¡Vida de enfermo, vida quizás sin esperanzas, vida que solo vive para esperar la muerte..., dichoso el que espera, y en su enfermedad no ve más que la Voluntad de Dios!

---

[3] SANTA TERESA DE JESÚS, *Libro de la Vida*, Monte Carmelo, Burgos 1977, IX, 4.

Llevo unos días en la Enfermería de la Trapa, separado como es natural de la vida de la Comunidad.

Dios ha dispuesto para mayor bien mío y gloria suya, que me faltara por unos días la salud que me hacía gozar de mis hermanos en los trabajos del campo, y que me permitía acompañarles en los rezos del Coro.

Sea Dios bendito, que, sin yo merecerlo, me prueba.

¡Enfermo..., separación!

Largas horas sentado en un sillón oyendo campanas, y siguiendo con la intención todos los actos de la Comunidad.

Mi enfermedad, ¿para qué hablar de ella?... Una de tantas... me produce solamente cansancio..., hambre, mucha sed, y falta absoluta de fuerzas..., todo lo demás va bien. Estoy muy contento de tener una enfermedad tan atractiva y que a veces me hace sufrir.

¡También yo tuve salud..., eso era antes!

Ahora, gracias a Dios, estoy enfermo, y cuando el Señor lo cree necesario, me lo recuerda haciéndome sentar unos cuantos días en un sillón de la Enfermería y sacándome del Coro... Él sea bendito. (...)

¡Bendito sea Dios y bendita sea mi enfermedad, que es el medio de que Él se vale para cumplir sus designios en mi insignificante persona!

¡Qué grande es Dios! ¡Qué inmensa su misericordia! ¡Qué pequeños somos los hombres!... (...)

¡Qué grande es el Señor que hace cambiar las lágrimas en risas, y lo que a nosotros nos parecen males no son generalmente más que una fuente de riqueza! ¡Feliz el que sepa aprovecharse!... ¡Feliz el que vea la mano de Dios en todo lo que suceda! ¡Feliz y mil veces feliz el que ame entrañablemente todo lo que el Señor le envíe, aunque sea pasarse la vida sentado en un sillón y oyendo las campanas de mi Monasterio que llaman a los monjes a penitencia...![4].

[4] BARÓN, M., *Vida y escritos de Fray María Rafael Arnáiz Barón. Monje trapense*, PS Editorial, Madrid 1984, pp. 362-364.

El prendimiento y el proceso ante Pilato

Hay algo tremendo en el modo como detuvieron a Nuestro Señor: «**Todavía estaba [Jesús] hablando, cuando apareció Judas, uno de los Doce, acompañado de un tropel de gente, con espadas y palos, enviado por los sumos sacerdotes y los ancianos del pueblo. El traidor les había dado esta contraseña: "Al que yo bese, ese es: prendedlo". Después, se acercó a Jesús y le dijo: "¡Salve, Maestro!". Y lo besó. Pero Jesús le contestó: "Amigo, ¿a qué vienes?"»** (Mt 26, 47-50). ¡Con un beso! Con un beso sacrílego, Judas entrega al Maestro bueno que había fijado tres años atrás sus ojos llenos de amor sobre él, y le había elegido para ser su apóstol. Jesús le había lavado los pies, como al resto, poco antes y, ahora, en un último intento de recuperarle, le llama así: «amigo». ¡Cuánto debió sufrir el Corazón de Jesús con esta traición! En alguna pintura de la escuela quiteña, se representa al Señor tras el prendimiento con una llaga en su mejilla, precisamente allí donde Judas puso sus labios. A Jesús le debió doler más esta llaga que las causadas por los clavos en las manos y los pies. *Señor, que yo no te trate jamás con hipocresía, ni siquiera con ligereza. Que no te toque con mis labios en la Sagrada Comunión cuando mi corazón está en tinieblas por la traición y el pecado... Que acuda antes, corriendo, a pedirte perdón en el sacramento de la Reconciliación. Que yo no mancille tu rostro con mis labios, mintiendo o callando un pecado grave en la Confesión. Señor, que no sea, nunca, Judas para Ti. Puedo tener debilidades, pero ¡hipocresía, no, Señor! Que nunca se me pueda aplicar a mí lo que decía san Agustín: Judas «no se pervirtió entonces; ya era ladrón, y pervertido seguía* *al Señor, porque le seguía con el cuerpo y no con el corazón»[5]. Ese es el problema, no poner el corazón en lo que se refiere a Ti, Señor, no corresponder a tu Amor inmenso por mí. «Judas —insisto— ha fallado en el amor; ya no ama al Maestro. Y cuando el amor se apaga, desaparece todo lo demás»[6].*

Tras un intento fugaz de uno de los presentes de defender al Señor con la espada (cfr. Mt 26, 51), todos los discípulos abandonan a Jesús (*Ibidem*, 56), que es conducido a la casa del Sumo Sacerdote Caifás. Allí se han reunido los escribas y ancianos que, tras un simulacro de proceso, le condenan a muerte, y comienzan **«a escupirle en la cara y a darle bofetadas»** (*Ibidem*, 67), burlándose de Él. Mientras tanto, nos dice Marcos, Pedro, que había seguido **«desde lejos»** al Señor **«hasta el interior del palacio del sumo sacerdote»**, estaba sentado **«con los sirvientes»**, calentándose **«junto a la lumbre»** (Mc 14, 54). Mientras su Maestro sufre a manos de los sacerdotes y escribas, él está calentándose en torno a un fuego, con los mismos servidores de esos hombres que escupen y abofetean a Jesús.

No debería haber sido así. Debería haber abandonado esa comodidad, perder el miedo a lo que pudiera pasarle, y salir en defensa del Maestro con los medios a su disposición. ¡Qué feliz hubiera sido entonces! Pero no lo hizo. Le pudo más la seguridad y tibieza de ese fuego y de esas malas compañías. Y entonces ocurrió el suceso más triste de su vida. Él, que había

---

[5] San Agustín, *Sobre el Evangelio de San Juan*, BAC, Madrid 1965, 50, 10.

[6] San Josemaría, *Crecer para adentro*, Meditación 27-V-1937, Rialp, Madrid 2019, p. 96.

prometido fidelidad hasta la muerte a su Maestro apenas unas horas antes, lo negó por la opinión de una criada y sus compañeros de lumbre: «**Ni lo conozco ni sé de qué me hablas**» (*Ibidem*, 68), «**¡No conozco a ese hombre del que habláis!**» (*Ibidem*, 71). *Señor, ¡de nuevo una traición y, esta vez, del príncipe de tus apóstoles, de aquel que elegiste como fundamento de tu Iglesia! ¡Cuánto dolor sentirías! Te imagino, en medio de las burlas, salivazos y bofetadas que estabas recibiendo, pendiente de lo que ocurría con Pedro en el patio. Y, al sentir la daga de su traición en tu corazón, lo que salió por tus ojos fue, junto a la pena, un gran amor y una gran compasión. ¿Quién podría resistir esa mirada? Pedro, desde luego, no. Y por eso, tras oír cantar el gallo y cruzar los ojos contigo, «salió afuera y lloró amargamente*» (Mt 26, 75). Algo que tendría que haber hecho mucho antes, porque donde no se puede amar a Jesús, un discípulo suyo ni debe ni quiere estar. «Querer agradar a todos, y siempre, equivale a prepararse para traicionar»[7].

He tenido la oportunidad de ir varias veces a Tierra Santa en peregrinación. Uno de los sitios que más me impresiona es la casa de Caifás en Jerusalén. Allí se puede ver, excavada en la roca, una honda mazmorra del siglo I, donde probablemente estuvo Nuestro Señor. La mazmorra tiene ahora una puerta que permite acceder a ella, pero antiguamente solo tenía una abertura en el techo por la que descolgaban, con unas cadenas, al prisionero. Es sobrecogedor imaginarse allí al Señor, solo, cubierto de heridas, aterido de frío, abandonado por todos sus discípulos, en un silencio

---

[7] San Josemaría, *Carta*, 14-II-1974, n. 28.

absoluto, rezando al Padre. Es costumbre rezar en alto el Salmo 88, porque probablemente también el Señor lo rezara aquella noche:

> Señor, Dios Salvador mío,
> día y noche grito en tu presencia;
> llegue hasta ti mi súplica,
> inclina tu oído a mi clamor.
> Porque mi alma está colmada de desdichas,
> y mi vida está al borde del abismo;
> ya me cuentan con los que bajan a la fosa,
> soy como un inválido.
> (...)
> Me has colocado en lo hondo de la fosa,
> en las tinieblas y en las sombras de muerte;
> tu cólera pesa sobre mí,
> me echas encima todas tus olas.
> Has alejado de mí a mis conocidos,
> me has hecho repugnante para ellos:
> encerrado, no puedo salir,
> y los ojos se me nublan de pesar.
> Todo el día te estoy invocando, Señor,
> tendiendo las manos hacia ti.
> (...)
> ¿Por qué, Señor, me rechazas
> y me escondes tu rostro?
> (...)
> alejaste de mí amigos y compañeros:
> mi compañía son las tinieblas.
> (Sal 88)

Es un momento muy emotivo. Al terminar, se suele hacer un largo silencio entre los peregrinos. ¡Quién sabe lo que pasa por sus corazones en esos momentos! No es extraño que se escuche a alguno sollozar. La última vez, uno de ellos pidió quedarse un rato a solas allí una vez nos hubiéramos ido: «Me gustaría sentir lo que sintió Jesús aquí solo esa noche: angustia, tristeza, abandono, miedo». Así lo hicimos. Regresó con los ojos rojos de haber llorado. Me dijo que le había impresionado pensar en Jesús allí por culpa de sus pecados, y que se había dado cuenta de que, en aquella noche, Jesús pensaba en él... Y en ti y en mí, añado yo.

A la mañana siguiente, **«todos los príncipes de los sacerdotes y los ancianos del pueblo se pusieron de acuerdo contra Jesús para darle muerte. Y atándolo, lo llevaron y lo entregaron al procurador Poncio Pilato»** (Mt 27, 1-2). Los judíos no podían ejecutar la sentencia de muerte, así que lo llevan a la autoridad romana, que sí podía hacerlo. En el interrogatorio que sigue, Pilato se da cuenta de que Jesús es inocente: **«Yo no encuentro en él ninguna culpa»** (Jn 18, 38), dirá a los judíos. Le admira su silencio ante las acusaciones (cfr. Mc 15, 5), y más aún la dignidad y señorío que muestra en el diálogo que entabla con él. Cuando le oye decir **«Mi reino no es de este mundo»** (Jn 18, 36), siente una punzada de inquietud —¿quién es este?—, agravada por el recado que su mujer Claudia le hace llegar mientras está sentado en el tribunal: **«No te mezcles en el asunto de ese justo; porque hoy en sueños he sufrido mucho por su causa»** (Mt 27, 19). Desde ese momento intentará liberarlo (cfr. Lc 23, 20 y Jn 19, 12), pues sabe que es inocente. Les ofrece liberarlo por la Pascua, pero los judíos prefieren a un ladrón: **«¡A ese no, a Barrabás!»** (Jn 18, 40) y, ante su insistencia, **«¡Crucifícalo, crucifícalo!»** (*Ibidem*, 21), Pilato acabará cediendo: **«Queriendo contentar a la muchedumbre, les soltó a Barrabás; y a Jesús, después de haberle hecho azotar, lo entregó para**

que fuera crucificado» (Mc 15, 15). Por contentar a la muchedumbre, Pilato crucifica a Jesús. Es un hombre sin conciencia. *Señor, ¿y yo? ¿No te habré también yo clavado en la Cruz cuando, en contra de mi conciencia, me dejo llevar por los respetos humanos, por el temor al «qué dirán», por la presión del ambiente —«¡Crucifícalo!»—, cedo y hago lo que sé que no debería hacer? O peor aún, Jesús: ¿no habré sido yo de los que gritan: «¡A ese no, a Barrabás!... A ese otro, ¡crucifícalo!», porque, con mi modo de comportarme, con mi modo de vestir, de mirar, de hablar, incito a otros a traicionarte? ¡Perdóname, Señor! ¡Cuántas veces una discoteca, una oficina, un hospital, un grupo de amigos se convierte en un nuevo pretorio, donde eres traicionado y condenado! Y Tú, Jesús, como entonces, callas. ¡Cuánto amor, cuánta paciencia, cuánta mansedumbre en tu Corazón! Pero también ¡cuánta tristeza y decepción! ¿Cómo no tratar de consolarte, Señor, con mi fidelidad? Hago el propósito de nunca, jamás, actuar en contra de mi conciencia, porque «cuando un hombre transige en cosa de ideal, de honra o de Fe, ese hombre es un... hombre sin ideal, sin honra y sin Fe»*[8]. *¡Antes morir que ofenderte, Jesús! ¡Antes morir que callar o traicionarte!*

Pero Pilato, este hombre vano[9], no solo entregó a Jesús para que lo crucificaran. Antes, como un último intento de calmar a los judíos (cfr. Jn 19, 4), con horrorosa frivolidad, le infringe un terrible castigo, la flagelación,

---

[8] San Josemaría, *Camino*, n. 394.

[9] Es imposible no ver en él algunas de las actitudes que Hannah Arendt atribuyó a los criminales de guerra nazis, tras el proceso de Núremberg, en su libro *La banalidad del mal*.

que está a punto de acabar con Él: «**Mandó que lo azotaran**» (Jn 19, 1), dice Juan con sencillez. «Atado a la columna. Lleno de llagas. Suena el golpear de las correas sobre su carne rota, sobre su carne sin mancilla, que padece por tu carne pecadora. Más golpes. Más saña. Más aún... Es el colmo de la humana crueldad. Al cabo, rendidos, desatan a Jesús. Y el cuerpo de Cristo se rinde también al dolor y cae, como un gusano, tronchado y medio muerto. Tú y yo no podemos hablar. No hacen falta palabras. Míralo, míralo... despacio. Después... ¿serás capaz de tener miedo a la expiación?»[10].

En una ocasión, íbamos en una furgoneta de regreso de una excursión a la montaña. Comenzamos a rezar el rosario. Uno de los más jóvenes dirigía el rezo. Al llegar al segundo misterio doloroso, lo anunció así: «Segundo misterio, la *exageración* del Señor» —en vez de «la flagelación del Señor»—. Hubo algunas risas, y él, ofendido, se defendió: «No sé por qué os reís: lo dice el Evangelio». En el fondo, tenía razón: la «flagelación» fue una «exageración» del amor de Jesús por nosotros. Nadie que haya visto, por ejemplo, la escena correspondiente de *La Pasión de Cristo*, de Mel Gibson, queda indiferente ante semejante horror. Jesús sufre por amor a ti en silencio. ¿Tú eres capaz de sufrir un poco por amor a Jesús? Porque de eso se trata. Jesús nos enseña a amar. La mortificación, es decir, el sacrificio voluntario en pequeñas cosas que contrarían mi gusto, es un modo de mostrar amor al Señor. En realidad, sacrificio y amor van siempre unidos en esta vida, como el vaso y el agua. Así lo explicaba santa

---

[10] San Josemaría, *Santo Rosario*, Segundo Misterio Doloroso.

Catalina de Siena[11]. Y solo desde la perspectiva del amor, cobra sentido el sacrificio.

Dice Marcos que los soldados «le pusieron una corona de espinas que habían trenzado» (Mc 15, 17), le vistieron un manto de púrpura, pusieron una caña en su mano y comenzaron a burlarse y reírse del Señor (cfr. Mt 27, 28-29). La única corona que llevó Jesús en esta vida fue de espinas, perlada de sangre, sin ningún timbre de gloria. Y la llevó por amor a nosotros. *Señor, ¿qué corona busco yo en esta vida? ¿La corona de los que han pasado por esta vida amando a Dios sobre todas las cosas y al prójimo como a uno mismo (cfr. Mt 22, 37-38), y que recibirán esa bienvenida tuya:* **«Venid, benditos de mi Padre, y tomad posesión del Reino preparado para vosotros desde antes de la creación del mundo»** (Mt 25, 34)? ¿O la corona mundana del egoísta que no persigue más que la propia fama, el prestigio personal, el reconocimiento vano del propio yo, y que no tiene otro amor que el de sí mismo? ¡Qué vida tan pobre y triste! ¡Qué mal negocio!

Siempre me han impresionado las palabras de fray Luis de Granada sobre la fugacidad de la fama y el honor mundano. Primero se fija en cómo nuestro Señor fue aclamado como Rey el Domingo de Ramos, y crucificado en la misma Jerusalén apenas cinco días después; y luego escribe sobre este honor de los hombres: «Pues ¿qué diré de sus mentiras, y engaños? ¿A quién jamás guardó fielmente su palabra? ¿A quién dio lo que prometió? ¿Con quién tuvo amistad perpetua? ¿A quién conservó mucho tiempo lo que le dio? ¿A quién jamás vendió vino que no se lo diese

---

[11] Cfr. BRAGE TUÑÓN, J., *Sin miedo*, p. 217.

aguado con mil zozobras? Solo esto tiene de constante y de fiel: que a ninguno fue fiel. Este es aquel falso Judas que, besando a sus amigos, los entrega a la muerte. Este es aquel traidor de Joab que, abrazando al que saludaba como amigo, secretamente le metió la espada por el cuerpo. Pregona vino y vende vinagre; promete paz y tiene de secreto armada la guerra. Malo de conservar, peor de alcanzar, peligroso para tener y dificultoso de dejar. ¡Oh mundo perverso, prometedor falso, engañador cierto, amigo fingido, enemigo verdadero, lisonjeador público, traidor secreto, en los principios dulce, en los dejos amargo, en la cara blando, en las manos cruel, en las dádivas escaso, en los dolores pródigo, al parecer algo, de dentro vacío, por de fuera florido y debajo de la flor espinoso!»[12]. Así es todo lo mundano: la fama, la belleza puramente física, el dinero, el prestigio social, la popularidad, el honor humano... **«vanidad de vanidades»** (Qo 1, 2).

La Via Crucis

«Y cargando con la cruz, salió hacia el lugar que se llama de la Calavera, en hebreo, Gólgota» (Jn 19, 17). En Jerusalén se venera desde hace siglos la *Via Crucis*, el camino que Jesús siguió con la cruz a cuestas para llegar al Calvario. En cada una de las estaciones hay, al menos, una cruz que la conmemora y, en algunas de ellas, una capilla. En una de esas primeras capillas está pintado un fresco donde se ve a una multitud de ángeles llorando con las manos en el rostro al contemplar —asombrados— a Jesús hundido bajo el

---

[12] Fray Luis de Granada, *Vida de Jesucristo*, cap. XVII.

peso de la Cruz. Una Cruz en la que están clavados todos nuestros pecados y sus consecuencias: miseria, sufrimiento, soledad, enfermedad, muerte. Los ángeles lloran y nosotros, ¿no nos vamos a conmover? Según la tradición, Jesús cayó tres veces, y otras tantas volvió a levantarse, en silencio. ¡Era tanto su amor por nosotros! *Señor, yo ahora me acuerdo de esas palabras tuyas: «**El que no carga con su cruz y viene detrás de mí, no puede ser mi discípulo**» (Lc 14, 27), y hago el propósito de abrazarme a mi cruz, a aquello que me cuesta porque supone esfuerzo, sufrimiento o cansancio, y cargar con ella en silencio, sin quejas, por amor a Ti, sabiendo que Tú vas delante y que llevas casi todo el peso de esa cruz. Porque si no te tengo a la vista, no seré capaz de hacerlo.* Hace años, un estudiante de Farmacia que se había encontrado con Dios, y estaba aprendiendo a vivir como cristiano, me contó que, al empezar su estudio, se ponía delante un pequeño crucifijo de bolsillo que yo le había regalado, y decía: «Jesús, Tú has cargado con esa cruz por mí, ahora yo estudio en esta mesa por Ti». Y añadía: «Nunca he estudiado tanto, D. José».

Según la tradición[13], una mujer, a la que luego se llamó Verónica, al contemplar a Jesús con la cruz a cuestas, tomó la tela más delicada y blanca que poseía —quizás el velo de sus bodas— y enjugó con ella la sangre y los salivazos del rostro del Señor. Fue un gesto tan bello, era tal su decisión y brillaban con tanto amor sus ojos, que nadie se atrevió a impedírselo. No se cita expresamente en el Evangelio, aunque podemos ver una alusión genérica a este suceso en esta frase:

---

[13] Uno de los Evangelios apócrifos, el Evangelio de Nicodemo, lo narra.

«Le seguían una gran multitud del pueblo y de mujeres, que lloraban y se lamentaban por Él» (Lc 23, 27). Nosotros podemos hacer lo mismo. Tratar de aliviar en algo el dolor de Jesús. Desagraviar por nuestros pecados y los de todos los hombres. Con generosidad. Ofrecerle el consuelo de nuestra vida limpia, nuestra entrega y nuestros pequeños sacrificios por amor a Él.

Hay una historia que les encanta escuchar a los niños pequeños: la del petirrojo. Durante la Pasión del Señor un pajarillo, compadecido, se acercó a Jesús y con el pico logró quitarle una de las espinas que se clavaban en su cabeza. Una gota de sangre saltó sobre su pecho, y en agradecimiento por haber hecho eso, todos sus descendientes nacen con el pecho rojo, y por eso se llaman petirrojos. También nosotros, como el petirrojo, podemos aliviar en algo la pasión del Señor con nuestras buenas obras. ¿Cómo es posible? Piensa que Jesús es hombre y es Dios. Como Dios, veía en esos momentos todas las obras de todos los hombres de todos los tiempos. Los pecados y miserias le pesaban sobre la Cruz, sí, pero las buenas obras, las oraciones dichas con fe, los actos de servicio y de generosidad con el prójimo, el sacrificio en el cumplimiento de las propias obligaciones, la ternura con los que nos rodean, la sonrisa de quien se nota que ha llorado pero quiere hacer la vida agradable a los demás, el ofrecimiento a Dios de nuestros sufrimientos, todo eso, quitaba peso a la Cruz de Jesús, y le animaba a continuar.

Decía el beato Álvaro del Portillo: «Al meditar en la Pasión surge espontáneo en el alma un afán de reparar, de dar consuelo al Señor, de aliviarle sus dolores. Jesús sufre por los pecados de todos y, en estos tiempos nuestros, los hombres se empeñan, con una triste tenacidad, en ofender mucho a su Creador. ¡Decidámonos a desagraviar! ¿Verdad que todos sentís el deseo de ofrecer muchas alegrías a nuestro Amor?»[14].

El cirineo

Los soldados se dan cuenta de que el peso de la cruz es claramente excesivo para un hombre como Jesús, ya tan machacado físicamente por la brutal flagelación. Así que, al caer el Señor, «**a uno que pasaba por allí, que venía del campo, a Simón de Cirene, el padre de Alejandro y de Rufo, le forzaron a que le llevara la cruz**» (Mc 15, 21). Le «forzaron». «Esta palabra griega era una expresión técnica de la lengua militar romana: definía el derecho de los soldados romanos a "forzar", en particulares ocasiones, a los ciudadanos a determinadas prestaciones personales, una especie de obligación de servicio»[15]. Cargar la cruz de un condenado no era plato de gusto para nadie. Según las visiones de la santa Catalina de Emerick, «a Simón, Jesús le daba mucho asco y repugnancia pues estaba horriblemente lastimado y desfigurado y tenía los vestidos manchados de excrementos. Jesús lloraba y miró a Simón con ternura. Simón tuvo que ayudarle a levantarse y le pusieron la cruz encima, hombro con hombro con Jesús. Iba muy pegado a Jesús, que ahora ya no tenía que llevar mucho peso. (...) Simón no llevó la cruz mucho tiempo con Jesús sin que le

---

[14] Portillo, A., *Carta Pastoral*, 1-IV-1987.

[15] Ratzinger, J., *Mirar a Cristo*, Edicep, Valencia 2005, p. 109.

sobrecogiera una honda emoción»[16]. *Nos lo podemos imaginar, Señor. ¡Quién pudiera estar hombro con hombro contigo, ayudándote con tu Cruz! ¡Simón no tuvo mala sino buena suerte! Señor, quítame el miedo a la cruz.*

«En el conjunto de la Pasión, es bien poca cosa lo que supone esta ayuda. Pero a Jesús le basta una sonrisa, una palabra, un gesto, un poco de amor para derramar copiosamente su gracia sobre el alma del amigo. Años más tarde, los hijos de Simón, ya cristianos, serán conocidos y estimados entre sus hermanos en la fe. Todo empezó por un encuentro inopinado con la Cruz. **"Me presenté a los que no preguntaban por mí, me hallaron los que no me buscaban"** (Is 65, 1). A veces la Cruz aparece sin buscarla: es Cristo que pregunta por nosotros»[17]. Jesús con la Cruz le salió al paso a Simón, y este encuentro inesperado con la Cruz le cambió, no solo el corazón, sino la vida entera. ¿Por qué? Pues porque bajo el peso de la cruz encontró a Jesús. En su mirada descubrió un corazón afectuoso y tierno, lleno de paz en medio de aquel horror. Y, en su silencio en medio del griterío, escuchó un grito de amor por los hombres. *Señor, que también yo sepa descubrirte a Ti cuando me tropiezo con una cruz no deseada: una enfermedad, una humillación, un sufrimiento, la soledad... Que sepa ver, bajo esa cruz, tu mirada de amor que me invita a acompañarte, con amor a todos los hombres. Porque entonces comprobaré que* «es verdaderamente suave y amable la Cruz de Jesús.

---

[16] Beata Catalina de Emerick, *La amarga Pasión de Cristo*, Vozdepapel, Madrid 2010, p. 195.

[17] San Josemaría, *Via Crucis*, V.

Ahí no cuentan las penas; solo la alegría de saberse corredentores con Él»[18].

Santa Teresa de Calcuta decía, muy bellamente, que cuando sentimos el peso de la cruz, es que Cristo se ha acercado tanto que puede besarnos. Eso es lo que pasa con el Crucificado: al unirnos a Él, nos abraza y consuela. Como ocurrió con aquel carpintero mejicano que, después de pasar una temporada en la cárcel, recibió el encargo de hacer una cruz de más de dos metros para un crucifijo casi de tamaño natural. Aquel buen hombre sabía muy poco del catolicismo y el ambiente en el que vivía era más bien ajeno a lo religioso. Pero al descubrir la figura del Crucificado en su taller, hasta entonces cubierto con una sábana, comenzó su conversión. No solo hizo la cruz de madera, sino que tuvo que clavar en ella la talla por las manos y los pies. Luego llevó la cruz en su camioneta y la cargó unos metros sobre el hombro, hasta el oratorio donde tenía que instalarla. Esa experiencia supuso una conversión «a lo san Pablo». Siempre recordaría con emoción esos momentos[19].

Si, como hemos dicho, nosotros hemos de encontrar nuestro lugar en la Pasión, ¿por qué no ser cirineos? ¿Por qué no ayudar a Jesús? «Aprende a mortificar tus caprichos. Acepta la contrariedad sin exagerarla, sin aspavientos, sin… histerismos. Y harás más ligera la Cruz de Jesús»[20]. *Señor, yo quiero compartir el peso de tu Cruz, para hacerla más ligera para Ti. Esa cruz que*

[18] SAN JOSEMARIA, *Via Crucis*, II.

[19] Se trata de la historia de Celedonio Castillo, primer supernumerario del Opus Dei en América: cfr. https://opusdei.org

[20] SAN JOSEMARÍA, *Via Crucis*, V, n. 3.

me sale al encuentro en lo pequeño de cada día: en una
persona molesta o cargante a la que procuro sonreír y
no criticar, en un cambio de mis planes, en mi hermano
pequeño que ha pintarrajeado con sus rotuladores
de colores mis entregas de dibujo técnico, en mi hija
que me está colocando un «disco» tras el colegio
que no sé cómo cortar, en esas horas de estudio o de
trabajo que se me están haciendo largas y pesadas,
en el cumplimiento del horario que me he fijado, en
esa necesidad de sonreír cuando lo que tengo es ganas
de llorar, etc. Jesús, que yo sepa descubrir tu mirada
tierna y cariñosa en esas cosas, que me interroga:
«¿Y tú, amigo mío, no me echarás una mano?». Sí, mi
buen Jesús, yo sí que quiero ayudarte. Porque estoy
convencido de lo que decía san Josemaría: «¿Quieres
saber cómo agradecer al Señor lo que ha hecho por
nosotros...? ¡Con amor! No hay otro camino. "Amor
con amor se paga". Pero la certeza del cariño la da el
sacrificio. De modo que ¡ánimo!: niégate y toma su
Cruz. Entonces estarás seguro de devolverle amor
por amor»[21].

Crucifixión

Al llegar al Calvario, los soldados clavaron a Jesús a la
Cruz y la alzaron. Previamente le despojaron de sus
vestiduras, echando a suertes su túnica (cfr. Jn 19, 23-
24). Un poeta, fiel al Evangelio, lo cuenta así:

> Ven rey de los judíos desnúdate de una vez
> no querrás morir vestido de etiqueta con el manto sagrado
> venimos a tomarte las medidas

---

[21] San Josemaría, *Via Crucis*, V, n. 1.

somos los sastres de la eternidad los artistas de la santa cruz
algo sabes tú de estas cosas si en verdad fuiste carpintero
antes de consagrarte a la excelsa profesión de rey
Cristo Rey se acuesta desnudo sobre la cruz
el primer contacto con esa madera eterna es un relámpago
    de alegría
los verdugos le miden ese traje desnudo trasparente
    encarnado níveo que llevará por la eternidad
Jesús se tiende de espaldas para ser
clavado hasta el fin del mundo
ha llegado la hora oh Padre llegó el momento
ha llegado la plenitud de todos los tiempos
antes de cerrar los ojos por el reflejo de un ciego terror
Jesús mira por un instante el cielo perfectamente azul
ese pobre símbolo de sí mismo que al son del primer martillo
se teñirá de rojo y de negro la dulce luz
del reino de este mundo el último sol ese pobre símbolo
de sí mismo que morirá con él en esta noche de mediodía
ahora su mano derecha la que calmaba mares la resucitadora
y viene el inmenso clavo y después el martillo inmenso
el golpe es como una explosión de su propia mente
un gemido dulce y claro llora a dos voces con el martillo
mientras su sangre se dedica a pintar a los crucificadores
ahora la mano izquierda pero qué mano más testaruda
ya verás cómo te estiramos y vienen sogas y oh Padre mío
le han dislocado los brazos las rodillas se vuelven locas
pero qué piernas más testarudas tampoco llegan a su lugar
ya verás cómo te hacemos llegar a la altura de las
    circunstancias
y otra vez sogas y la dislocación y los huesos qué
    estrepitosos
Padre perdónalos porque no saben que son Jesús
oh Padre Padre mío los salmos lloran a dos voces con el
    martillo
lo están crucificando con los instrumentos de su profesión

por las manos por los pies su mente no hace sino estallar
cada golpe la esparce roja al oscuro cielo de mediodía
ya está cosido al madero ya las sogas lo exaltan
mientras la cruz en el aire se acerca a su vertical
las trompetas del templo suben por el balido de los corderos
esas trompetas no saben lo que hacen porque son
     proféticas
y están anunciando al mundo la salvación del mundo en
     la santa cruz[22].

Los evangelistas, sin embargo, pasan de puntillas
por esta escena, sin descripción alguna, como si,
llenos de dolor, no quisieran regodearse en ella. Así,
Mateo: **«Después de ser crucificado, se repartieron
sus ropas»** (Mt 27, 35); Marcos: **«Y le crucificaron»**
(Mc 15, 24); Lucas: **«Le crucificaron allí a él y a los
malhechores»** (Lc 23, 33); y Juan: **«Allí le crucificaron
con otros dos»** (Jn 19, 18). Hay como un pudor natural
que vela todo el sufrimiento que causó a Jesús la
crucifixión. Detrás de este silencio, creo adivinar
las lágrimas rodando por el rostro de Juan, el único
apóstol que estuvo allí, al contar lo ocurrido con voz
quebrada a los futuros evangelistas. A la Madre de
Jesús era simplemente impensable hablarle de esto. Y
lo mismo a María Magdalena y las demás mujeres que
estuvieron allí. Demasiado dolor. Demasiado amor de
Jesús. Y demasiado desamor de los hombres. Sí, mejor
no hablar. Mejor, simplemente, llorar y reparar por
nuestros pecados.

*Señor, frente a tanta crueldad y traición contigo, yo
voy a intentar amarte mucho y serte fiel, llenarte de*

---

[22] IBÁÑEZ LANGLOIS, J.M., *Libro de la Pasión*, cap. VI, 12. Reproducimos la
poesía, tal y como la escribe el autor, sin signos de puntuación.

consuelo con mi desagravio. «Te crucificaron», con
esta pasmosa sencillez narran los evangelistas tu
Crucifixión. Con la misma triste facilidad te clavan
en la Cruz mis pecados. Por eso, Jesús, estas palabras
de una persona santa me hieren en lo más hondo:
«Cristo clavado en la Cruz, ¿y tú?...: ¡todavía metido
solo en tus gustos!; me corrijo: ¡clavado por tus
gustos!»[23]. *¡Cuánto tengo que cambiar, cuánto tengo*
que aprender de esta ciencia de la Cruz! «¡Quién me
diera no tener más ataduras que tres clavos ni más
sensación en mi carne que la Cruz!»[24]. *Baja, Señor, de*
la Cruz, ¡es hora de que suba yo!

La mortificación, el sacrificio voluntario del propio
gusto por amor a Dios, no es más que otro modo
de rezar y acompañar al Señor. Es la oración de los
sentidos. Esos mismos sentidos que tantas veces son
ocasión de torpezas, los signamos con la Cruz de Jesús,
para purificarlos, y hacerlos capaces de ver, amar y
alcanzar a Dios. Cada uno en una llaga de Cristo. Esta es
la idea que simboliza un repostero de un oratorio de la
casa romana donde vivía san Josemaría, en el que se ve
un escudo con cinco cardos y sobre ellos cinco estrellas
y, en medio, una rosa. San Josemaría lo comentaba
así: «Un cardo para cada sentido y así se llega a las
estrellas»[25]. Necesitamos mortificar cada sentido, para
devolverles su capacidad de ver, oír, gustar y palpar
a Dios, para percibir su aroma en todo. Reconducir a
la obediencia esos sentidos desordenados, para que
amen y busquen lo bueno. Liberarlos de la carga del
pecado, y así conducirlos a lo alto, donde brillan las

---

[23] San Josemaría, *Forja* n.761.

[24] San Josemaría, *Camino* 151.

[25] Anotación manuscrita durante una tertulia, 2-IV-1956.

estrellas. Que esos mismos sentidos nos ayuden a ser contemplativos en medio del mundo. Como dice el adagio latino: «*Per aspera ad astra*», por lo áspero a las estrellas. Y que toda nuestra vida exhale ese perfume de rosa, ese buen olor de Cristo (cfr. Jn 12, 3), que es fruto de la mortificación, y que tan atractivos nos hace a los demás.

Purificar la vista significa ver con tus ojos, Señor[26]. *Tus ojos, que están en la Cruz con regueros de sangre. Que yo sepa apartar los ojos de todo lo que, aun ligeramente, me aleje de Ti. Tomo ahora la decisión de no querer mirar cuanto no me acerque a Ti, de seguir este consejo: «¿Para qué has de mirar, si "tu mundo" lo llevas dentro de ti?»*[27]. *Y no solo no mirar lo malo, sino mirar lo bueno y de buena manera. Mirar con paciencia a quien me carga, con cariño y comprensión a quien me hiere. Sin juzgar, sin condenar, perdonando siempre con misericordia, como Tú hacías en la Cruz:* **«Padre, perdónales, porque no saben lo que hacen»** (Jn 23, 34). *Esto es amar, Señor.*

Purificar el oído significa soportar en silencio las injurias y ofensas: **«Los jefes se burlaban de Él y decían: "Ha salvado a otros, que se salve a sí mismo, si Él es el Cristo de Dios, el elegido". Los soldados se burlaban también de Él; se acercaba y ofreciéndole vinagre, decían: "Si tú eres el Rey de los judíos, sálvate a ti mismo"»** (Jn 23, 35-37). *Gracias, Señor, por tus silencios en la Cruz, que me ayudan tanto. Gracias por responder con amabilidad a las injurias*

---

[26] Tomo las ideas de los párrafos que siguen sobre purificar los sentidos de una meditación que escuché a D. Javier Echevarría en Roma, el 23-XII-2007.

[27] San Josemaría, *Camino*, n. 184.

que oías. También yo necesito tolerar la cruz en mis oídos, y hacer silencio en mi alma, evitando los gritos de mi soberbia, de mis complicaciones, de mi vanidad. No he de entristecerme si escucho cosas que me duelen, no he de reaccionar con orgullo si me insultan, sino con mansedumbre. Y, si «las contrariedades parecen abundar, hay que pensar si no faltará en cambio, mortificación de la imaginación y sentido sobrenatural»[28]. Tampoco he de buscar oír alabanzas. Y he de aprender a escuchar lo que no me interesa, o ya he escuchado muchas veces, con una sonrisa.

Purificar el gusto significa «poner entre los ingredientes de la comida, "el riquísimo" de la mortificación»[29]. *Tú, Jesús, nos das ejemplo, renunciando a la esponja con vinagre que podría aliviarte y darte fuerzas* (cfr. Mc 15, 36-37). Decía el papa Benedicto XVI, hablando del ayuno voluntario: «Haciendo más pobre nuestra mesa aprendemos a superar el egoísmo para vivir en la lógica del don y del amor; soportando la privación de alguna cosa —y no solo de lo superfluo— aprendemos a apartar la mirada de nuestro "yo", para descubrir a Alguien a nuestro lado y reconocer a Dios en los rostros de nuestros hermanos»[30]. «Un cardo en cada sentido para llegar a las estrellas». Recuerdo haber oído contar una anécdota sobre un catedrático de Madrid, que era un gran especialista en mística castellana y, a la vez, un excelente *gourmet*. La gente, en la universidad, comentaba de broma que «era la única

---

[28] San Josemaría, Apuntes tomados durante una meditación, «La oración de los sentidos», 13-IV-1954.

[29] San Josemaría, Camino, n. 783.

[30] Benedicto XVI, Mensaje para la Cuaresma del 2011 (4-XI-2011), n. 3.

persona que había llegado a la mística sin pasar antes por la ascética».

Purificar el sentido del tacto significa no quejarse ante el dolor físico, el frío, el calor, la ropa áspera —«¡Mamá, rasca!», decía un viejo anuncio de suavizante—, la incomodidad material; y hacerlo por amor a los demás —a nadie le gusta tener cerca gente «quejica»—, ofreciendo a Dios ese pequeño sufrimiento. *Tú, Señor, clavado en la Cruz, apenas puedes respirar a causa de tu postura, con los brazos abiertos y clavados en el madero. Y cuando intentas auparte, apoyándote en los pies, el dolor de los clavos se hace insoportable. No hay en ti parte alguna de tu cuerpo que no esté herida. Las espinas se clavan en tu cabeza. Y todo eso lo sufres en silencio por amor a mí. ¿Podré yo quejarme cuando la cruz se imprima en mi tacto?*

Purificar el sentido del olfato significa no solo soportar el mal olor, sino ser capaz de estar en un lugar desagradable, o en unas circunstancias que me incomodan, o con unas personas que no me resultan agradables, sin rechazarlas. El Señor está clavado en el Calvario, en un lugar hediondo, sin quejarse. *Jesús, que yo no rechace todo lo que contraría mi afición al aroma de la comodidad, de lo fácil. Que no me deje llevar, sobre todo, por la acepción de personas, aunque lógicamente haya personas cuya compañía me resulta más agradable que otras. Que jamás muestre rechazo por nadie. Enséñame a amar a todos.*

Los ojos se nos van al Señor clavado en la Cruz por amor nuestro. Le vemos sereno, perdonando a sus verdugos: «**Padre, perdónalos, porque no saben lo que hacen**» (Lc 23, 34). ¿Cómo no arder en deseos de correspondencia? ¿Quién no haría lo que estuviera en su mano para mitigar un poco el sufrimiento de Jesús? Qué bien se entiende aquella saeta de un gran escritor gaditano del siglo xx:

¡Cuerpo llagado de amores
yo te adoro y yo te sigo!
Yo, Señor de los señores,
quiero partir tus dolores
subiendo a la Cruz contigo[31].

El buen ladrón

—¿Y quién es este? —se preguntaron sorprendidos los ángeles.

No tenía buen aspecto, francamente; pero llegó al Paraíso aquella misma tarde, cuando acababan de abrirse las puertas. No hubo necesidad de pedirle la entrada; le bastó con mostrar las llagas de sus manos; las mismas que tenía Jesús.

Se llamaba Dimas, fue ladrón profesional, y acababa de asaltar el Cielo en su mejor golpe[32].

Lucas nos cuenta que, junto a Jesús, los soldados crucificaron también a dos malhechores, **«uno a la derecha y otro a la izquierda»** (Lc 23, 33). Aquellos hombres fueron los compañeros de Pasión del Señor, la cruz los hermanó. No sabemos casi nada de ellos, salvo que uno injuria a Jesús y el otro le defiende y se acoge a su misericordia. Alejandro Casona escribió un relato

---

[31] PEMÁN, J.M., *Pasión según Pemán*, «Ante el Cristo de la buena muerte», Edibesa, Madrid 1997, p. 87.

[32] MONASTERIO, E., *Relatos a la sombra de la Cruz*, Palabra, Madrid 2012, p. 73.

maravilloso, «Villancico y pasión», en el que imagina que uno de los ladrones fue el mismo niño cubierto de lepra que la Virgen María curó, acunándolo en su seno, la noche que sus padres, fugitivos y armados con un largo cuchillo, irrumpieron de golpe en el establo de Belén, buscando refugio contra los soldados y el frío: «María se sintió conmovida en las entrañas. Tranquilizó a José con una mirada, dejó a su Niño en el pesebre, al aliento de la mula y el buey, y tomando resueltamente al enfermo en los brazos lo tendió en el cuenco todavía caliente de las rodillas donde había dormido su Hijo. Y apretándolo contra el pecho siguió cantando en voz baja para el pequeño leproso.

Al amanecer (...) el niño reía feliz, con todo su cuerpo sano y limpio. Solamente en el hombro derecho le había quedado una marca de plata pequeña y blanca como una flor de lis». Treinta y tres años más tarde —sigue ese relato—, le encontramos en la cruz junto al Rabí Jesús de Nazaret, a quien le dice: «¿Por qué me acusan de estar fuera de la ley si nunca me han dejado vivir dentro?... ¿De qué pueden acusarme ahora los que me acosaron siempre como a un perro sarnoso? Solamente una dulce mujer me cantó una noche sobre sus rodillas, y a ella le debo la vida tanto como a mi propia madre. Si hice algún mal inútil, yo te pido perdón por su recuerdo». Jesús reconoce en su hombro derecho la marca de plata pequeña y blanca como una flor de lis, y «entonces le sonrió piadosamente con las palabras del perdón: "En verdad te digo que esta misma noche entrarás conmigo en la casa de mi Padre"»[33]. Es una bonita historia, pura poesía.

---

[33] Casona, A. *Flor de leyendas*, Anaya, Madrid 2017, pp. 37-42.

Fueran quienes fueran estos dos hombres en la cruz se han convertido en paradigmas de la actitud del ser humano frente al dolor[34]. Porque el sufrimiento lleva a los hombres a opciones radicales y, con frecuencia, opuestas. «Hay cruces de blasfemia y cruces de paraíso»[35]. Quizás nosotros mismos hemos conocido ejemplos de ambas posturas. Recuerdo una buena mujer que, tras perder varios hijos, me decía: «Yo odio a Dios por lo que me ha hecho». Su dolor era tan grande que no podías culparla sino rezar por ella. Poco tiempo después conocí a otra mujer que, a consecuencia de un accidente, perdió de golpe a su marido y varios hijos. Me impresionó mucho oírle contar todo lo que pasó, y concluir: «Dios es muy bueno y sabe lo que hace con nosotros, aunque yo no lo entienda». Aquella mujer tenía el corazón rebosante de amor a Dios, no *a pesar* de lo ocurrido, sino precisamente *a causa* de lo ocurrido. Una misma cruz llevaba a una madre a la rabia y la desesperación, y a la otra al amor y la confianza en Dios.

En el Gólgota, las tres cruces parecen idénticas, ofrecen el espectáculo de una misma tragedia, una misma pena, un mismo dolor. Y, sin embargo, como dice san Agustín, «hay tres hombres en cruz: uno que da salvación, otro que la recibe, un tercero que la desprecia»[36]. Esto se ve muy bien en el breve diálogo que mantienen entre sí: «**Uno de los malhechores crucificados le injuriaba, diciendo: "¿No eres tú**

---

[34] Cfr. Martin Desclazo, J. L., *Vida y misterio de Jesús de Nazaret, III*, Sígueme, Salamanca 2001, p. 331.

[35] Journet, Ch., *Las siete palabras de Cristo en la Cruz*, Rialp, Madrid 1976, p. 15.

[36] San Agustín, *Comentario a los Salmos*, 34, serm. 2, n. 1.

el Mesías? Sálvate a ti mismo y a nosotros"» (Lc 23,
39) ¿Qué encerraban esas palabras? Pienso que rabia,
violencia y desafío. Este hombre está atrapado en la
cruz, y sabe que ha perdido definitivamente la partida.
Pero, en el fondo, mezclado con el insulto, hay un
rastro de esa esperanza provocadora que está en la raíz
de toda blasfemia. Como si pensara: «Si este hombre
puede librarse de este horror —había oído contar de sus
milagros—, ¿por qué no lo hace y, en cambio, se empeña
en absurdas ideas místicas?». Le oyó decir: **«Padre,
perdónales, porque no saben lo que hacen»** (*Ibidem*,
34), y pensó: «¡Qué estupidez!». Tenía, como dice José
Luis Martín Descalzo[37], la fría dureza rebelde de los ateos
modernos, y su mismo desprecio por los creyentes, y se
cerró en banda. Este era el pobre Gestas —así le llama
la tradición—. ¡Qué duras debieron ser para él esas
horas! Pasó junto a la salvación sin descubrirla. *No te
descubrió a Ti, Señor, estando en tu misma cruz. ¡Qué
pena si a mí me pasara lo mismo al encontrar la Cruz,
la contrariedad, la enfermedad, la muerte!*

El otro ladrón sufría el mismo dolor atroz de la
crucifixión, pero la ruina de su cuerpo no había llegado
a su alma. Era uno de esos raros casos en los que se
conserva la honestidad en medio del delito. Distinguía
el bien del mal, entendía el valor de la culpa, y tenía el
valor de reconocer la suya: **«¿Ni siquiera tú temes a
Dios, estando en su mismo suplicio? Nosotros, en
verdad, estamos aquí justamente, porque recibimos
lo merecido por lo que hemos hecho; pero este
no ha hecho ningún mal»** (*Ibidem*, 40). Para este

---

[37] Cfr. MARTIN DESCLAZO, J. L., *Vida y misterio de Jesús de Nazaret*, III,
pp. 332-334. Las ideas de este párrafo y los dos siguientes —y otras muchas— las saco de esta excelente vida de Cristo.

hombre —Dimas, según la tradición— el dolor había sido verdaderamente fecundo: había despertado en él la búsqueda de Dios. El dolor no le ha cerrado en sí mismo, pensando que solo él sufre, y haciéndolo insensible al dolor ajeno. Sale de su tragedia para observar, descubrir y comprender a Jesús: **«Este no ha hecho ningún mal»** (*Ibidem*, 41). En vez de culpar a Dios —como tantos al sufrir—, le ve inocente junto a él, y se aflige por su sufrimiento.

¿Sabía algo el buen ladrón sobre Jesús antes de encontrarse con Él? No lo sabemos. Pero quizás fue testigo del proceso ante Pilato, del silencio de Jesús, de su dignidad impresionante, de su perdón: «¿Y si fuera Rey de verdad?», se preguntaba. Luego, le oyó dirigirse al Dios Altísimo como Padre, y perdonar a sus verdugos: **«Padre, perdónalos, porque no saben lo que hacen»** (*Ibidem*, 34). La seguridad que veía en Jesús no era de este mundo. Escuchó a los que lo insultaban hablar del Mesías y una esperanza aprendida en su infancia rebrotó en su interior: «¿Y si fuera el Ungido de Dios que tiene que venir?», volvió a preguntarse. Así, desde su cruz, recorrió ese camino que va de la simple posibilidad a la duda, y de la duda a la certeza. Y sintió crecer en su interior la fe en Jesús, la esperanza de salvación, y un amor impetuoso y confiado por ese Rey inocente de mirar misericordioso que, a la vez, era hermano de suplicio. Y le dijo: **«Jesús, acuérdate de mí cuando llegues a tu reino»** (*Ibidem*, 42). ¡Qué maravillas hace la gracia de Dios! «Un moribundo ve a Jesús moribundo, y le pide la vida»[38]. No se sabe qué admirar más, si la sencillez

---

[38] Bossuet, J. B., *Sermon pour l'Exaltation de la Sante Croix*, tomo III, Hachetet et Desclée, Paris 1914- 1921, p. 85.

de sus palabras, o su vertiginosa fe. Pide, no estar a la derecha o la izquierda (cfr. Mt 20, 21), sino un recuerdo: «Acuérdate de mí». Eso le basta. ¡Qué confianza! Y lo pide, sin confusiones, para el otro lado de la muerte: «cuando llegues a tu reino». No se hace falsas esperanzas. Es difícil imaginarse algo tan inverosímil y, a la vez, tan real.

Pero el buen ladrón ha dirigido bien su flecha, y ha hecho blanco en el corazón de Jesús, que le responde: «En verdad te digo: hoy estarás conmigo en el paraíso» (Lc 23, 43). Nadie, sino este pecador arrepentido en su cruz, recibió una promesa tan solemne y tan cargada de contenidos en todo el Evangelio. Bien lo explica Bossuet: «Hoy, ¡qué prontitud! Conmigo, ¡qué compañía! En el paraíso, ¡qué descanso!»[39]. Y, sin duda, este fue uno de los consuelos de nuestro Señor en esas horas tan amargas.

La Cruz, Señor, es fuente de salvación, cuando se está en ella contigo. Este es el valor del sacrificio, del dolor aceptado con espíritu humilde y contrito: nos lleva a descubrirte junto a nosotros en medio de los sufrimientos de esta vida y, si se acepta con plena confianza en Ti, nos abre las puertas del Cielo. Hay una alegría que, como decía san Josemaría, «tiene sus raíces en forma de Cruz»[40]; hay un gozo sereno en compartir por amor la Cruz contigo, Señor, y decirte: «Acuérdate de mí, tan solo eso, Jesús, acuérdate de mí». Hay muchas personas que lo experimentan, ¿por qué no yo, Jesús?: mi vida cambiaría... Santo Tomás

---

[39] Bossuet, J. B., *Sermon sur les souffrances*, tomo IV, Hachetet et Desclée, Paris 1914-1921, p. 70.

[40] San Josemaría, *Es Cristo que pasa*, n. 43.

escribió en su himno eucarístico «Adoro te devote» este verso: «Pido lo que pidió el ladrón arrepentido». También yo puedo hacer de buen ladrón y robar tu Corazón, cualesquiera que sean mis pecados pasados. ¡Lo hago en cada confesión! Cada vez que oigo decir al sacerdote: «Yo te absuelvo de tus pecados», te oigo a Ti, Señor, decirme: «Te aseguro que hoy estarás conmigo». Por eso, san Gregorio animaba: «Si estás crucificado con él como un ladrón, como el buen ladrón confía en tu Dios»[41]. *Señor, gracias por este personaje tan simpático, que me llena de esperanza. Nunca es demasiado tarde. Nunca está todo perdido.*

Entregó el espíritu

Juan se refiere siempre a sí mismo como el discípulo **«al que Jesús amaba»** (Jn 13, 22. Cfr: Jn 19, 26; 20, 2 y 21, 20). A la vez, su amor al Señor era muy grande, y la tradición siempre ha pensado que comenzó a seguirle muy joven. Quizás también por este hecho, su relación con María, la Madre de Jesús, era muy especial: la Virgen vería en él a un niño, y su corazón de madre estaría atento a él. Es el único de los Doce que estaba al pie de la Cruz, aunque probablemente fue porque la misma María le llevó consigo. En ese momento supremo, Jesús le dejó precisamente a Juan su mayor tesoro: su Madre. **«Jesús, viendo a su madre y al discípulo a quien amaba, que estaba allí, le dijo a su madre: "Mujer, aquí tienes a tu hijo". Después dice** *al discípulo: "Aquí tienes a tu madre". Y desde aquel* **momento el discípulo la recibió en su casa»**

[41] San Gregorio Nacianceno, *Sermón* 45, 23-24.

(Jn 19, 26-27). Juan nos representa a todos: en él todos los cristianos hemos sido hechos hijos de María. ¡Cuánto honor! *Señor, lo veo lógico. El dulcísimo corazón de María es un corazón lleno de amor por todos, siempre atento a los demás, pronto a la escucha, que irradia alegría. Perdóname lo que voy a decir: un solo hijo para este enorme corazón de madre es demasiado poco[42]. Tenía que estar rodeada de hijos y nietos. Y así fue, para toda la eternidad. Yo, ahora, como Juan, te recibo, Madre mía, en mi casa, entre lo más mío, y te pongo en el centro de mi vida. No quiero pasar un día sin levantar, muchas veces, los ojos hacia ti. Y te pido que me ayudes a saber aguantar al pie de la Cruz, sin huir.*

En medio de la historia dura y terrible de la Pasión, nos ha quedado esta escena llena de candor y dulzura. Porque en Juan todos hemos recibido a María como madre. Recuerdo haber leído un comentario brevísimo a este pasaje del Evangelio que decía sencillamente: «Que no nos acostumbremos a tener como madre a la Madre de Dios». Una vez puesta en buenas manos su Madre, **«a la hora nona Jesús exclamó con fuerte voz: "Eloí, Eloí, ¿lemá sabachtaní?", que significa "Dios mío, Dios mío, ¿por qué me has desamparado?"»** (Mc 15, 34). Algunos de los soldados pensaron que, en su delirio, estaba llamando a Elías (*Ibidem*, 35), pero en realidad, Jesús estaba rezando a su Padre Dios las primeras palabras del Salmo 22. Un Salmo que es, sobre todo, una oración confiada del justo, enfermo y acosado por sus enemigos, que espera y proclama la salvación de Dios, quien parece permanecer en

---

[42] Tomo esta idea de: Dobraczynski, *Cartas a Nicodemo*, Carta XIV.

silencio. «No es un grito cualquiera de abandono —nos explica Benedicto XVI—. Jesús recita el gran Salmo del Israel afligido y asume de este modo en sí todo el tormento, no solo de Israel, sino de todos los hombres que sufren en este mundo por el ocultamiento de Dios. Lleva ante el corazón de Dios mismo el grito de angustia del mundo atormentado por la ausencia de Dios. Se identifica con el Israel dolorido, con la humanidad que sufre a causa de la "oscuridad de Dios", asume en sí su clamor, su tormento, todo su desamparo y, con ello, al mismo tiempo los transforma»[43]. *Señor, resulta sobrecogedor meternos con la imaginación en tu Corazón en esos momentos, evocar tus mismos sentimientos y orar con tus mismas palabras; vamos a intentarlo ahora.*

El Salmo 22 empieza con las palabras de Jesús que nos transmiten Marcos y Mateo:

¡Dios mío, Dios mío! ¿Por qué me has abandonado?
Lejos estás de mi salvación,
de mis palabras suplicantes.
Dios mío, te invoco de día, y no escuchas;
de noche, y no encuentro descanso.
(Sal 22, 2-3).

Pero inmediatamente, los gritos de angustia y abandono se convierten en una oración confiada y esperanzada:

Pero Tú eres el Santo,
sentado entre las alabanzas de Israel.
En Ti pusieron su esperanza nuestros padres;

[43] Ratzinger, J. - Benedicto XVI, *Jesús de Nazaret. Desde la entrada en Jerusalén hasta la Resurrección*, Encuentro, Madrid 2011, p. 250.

esperaron y los liberaste.
A Ti gritaron y fueron salvos,
en Ti confiaron y no quedaron avergonzados.
(*Ibidem*, 4-6)

Y así, alternando gritos de congoja y desconsuelo con desahogos confiados del corazón, discurre este salmo —que es también una profecía de la Pasión de nuestro Señor—.

Primero la inquietud y la desazón:
Pero yo soy un gusano, no un hombre,
oprobio de los hombres,
desprecio del pueblo.
Al verme, todos hacen burla de mí,
tuercen los labios, mueven la cabeza:
«Confió en el Señor: que lo salve Él,
que lo libre, si es que lo ama».
(*Ibidem*, 7-9)

Luego la súplica confiada:

Tú me sacaste del vientre,
me confiaste a los pechos de mi madre[44].
A Ti me encomendaron desde las entrañas maternas;
desde el seno de mi madre Tú eres mi Dios.
No te alejes de mí, que la angustia se acerca
y no hay quien me socorra.
(*Ibidem*, 10-12)

De nuevo la zozobra y la ansiedad:

---

[44] ¡Qué entrañable referencia a la Santísima Virgen María encierra este verso!

Me derramo como el agua,
se dislocan todos mis huesos;
mi corazón se derrite como cera,
se deshace en mis entrañas.
Seca está como una teja mi garganta,
y mi lengua, pegada al paladar;
me echas al polvo de la muerte.
Me rodea una jauría de perros,
me asedia una banda de malvados.
Han taladrado mis manos y mis pies.
Puedo contar todos mis huesos.
Ellos miran, me observan
se reparten mis ropas
y echan a suertes mi túnica.
(*Ibidem*, 15-19)

Y enseguida la plegaria llena seguridad en el Amor del Padre:

Pero Tú, Señor, no te alejes.
Fuerza mía, date prisa en socorrerme.
(*Ibidem*, 20)

¡Cuánto amor al Padre, cuánta confianza en su cuidado amoroso por nosotros, cuánta seguridad en que Él sabe lo que se hace, cuanta conformidad con su Voluntad y, también, cuánta llaneza y familiaridad encierra esta oración tuya, Jesús! También yo quiero rezar con esa sencillez y esa fe, dejar que mi alma, llena de amor filial, se expansione y desahogue en mi Padre Dios. Ahora y siempre, pero especialmente a la hora de la prueba, del sufrimiento y de la angustia.

Al oír a Jesús, inmediatamente **uno corrió a empapar una esponja con vinagre, la sujetó en una caña y se lo daba a beber** (*Ibidem*, 36). Así lo dice también Mateo (cfr. Mt 27, 46-48). Sus labios estaban probablemente abiertos y sangrando. El vinagre debió de causarle un gran dolor. «Junto a la Cruz había vinagre porque, después de las crucifixiones, los soldados romanos se lavaban las manos y los brazos con él. Era una especie de jabón. Aquel vinagre eran posos de suciedad; y, sin embargo, Jesús lo tomó para aliviar su sed. Si lo aplicamos a nosotros, esto significa que el amor de Dios toma incluso el vinagre de nuestra vida y lo acepta. El vinagre son nuestros pecados, nuestra negligencia, nuestra debilidad, nuestros errores y nuestras traiciones... Los posos de nuestra vida»[45].

Pero Juan añade algo verdaderamente entrañable. Jesús, antes de que le ofrecieran con una caña la esponja empapada en vinagre, dijo: **«Tengo sed»** (Jn 19, 28). *¡Vaya frase, Señor! «Tengo sed. Sed de ti, hijo mío, sed de tu amor, sed de tu correspondencia, sed de tu entrega». Como dice el Catecismo de la Iglesia Católica, «Jesús tiene sed, su petición llega desde las profundidades de Dios que nos desea»[46]. Y qué pena que nosotros, como los soldados entonces, respondamos «una y otra vez al amor solícito de Dios con vinagre, con un corazón agrio que no quiere hacer caso del amor de Dios. "Tengo sed": este grito de Jesús se dirige a cada uno de nosotros»[47]. Señor, ya no más. Voy a saciar tu sed con mi vida. Te la entrego como un cheque en blanco donde Tú puedas escribir la cantidad*

---

[45] MAASBURG, L., *La Madre Teresa de Calcuta, un retrato personal*, Palabra, Madrid 2012, 58.

[46] *Catecismo de la Iglesia Católica*, n. 2560.

[47] RATZINGER, J. - BENEDICTO XVI, *Jesús de Nazaret. Desde la entrada en Jerusalén hasta la Resurrección*, p. 255.

que quieras. Solo te pido que me des el amor con que quieras que te ame.

Hace algunos años, estaba de peregrinación en Roma durante la Semana Santa con un grupo numeroso de universitarios. Uno de ellos, estudiante de últimos cursos de ingeniería, se decidió durante esos días a entregar su vida a Dios en medio del mundo con una plena dedicación para hacer la Iglesia, incluyendo la renuncia por amor a Dios a formar una familia. Me dijo que pensaba esperar a la vuelta a Madrid para llevar esta decisión a la práctica después de hablar con sus padres, y me pareció bien. Sin embargo, al anochecer del Viernes Santo se me acercó y me dijo: «Ya lo he hecho». «¿Ya has hecho qué?», le respondí. «Ya me he entregado a Dios: he llamado a mis padres por teléfono y luego he pedido la admisión», me aclaró. «¿Pero no ibas a esperar a la vuelta?», volví a preguntarle. Y su respuesta fue: «Sí, pero hoy, Viernes Santo, en el *Via Crucis*, después de oír a Jesús desde la Cruz: "Tengo sed", he pensado: ¿qué mejor día para entregar mi vida al Señor que hoy?». *Ese grito tuyo desde la Cruz, Señor, ha resonado en millones de oídos y ha puesto en pie a millones de almas, tocadas en sus corazones por tu Amor y tu sed de amor. Jóvenes de todo el mundo se han puesto en movimiento a lo largo de los siglos, como un río de paz y servicio que corre por todos los continentes, fecundándolos con su amor.*

Pensemos, por ejemplo, en santa Teresa de Calcuta: *¡cómo resonaban en sus oídos estas palabras tuyas desde la Cruz, Señor!* En una ocasión escribía: «"Tengo sed", dijo Jesús en la Cruz cuando fue privado de todo consuelo, muriendo en la pobreza absoluta, abandonado, despreciado y roto en cuerpo y alma.

Él habló de Su sed —no de agua— sino de amor, de sacrifico. Jesús es Dios: por tanto, Su Amor, Su sed es infinita. Nuestro objetivo es saciar esta sed infinita de un Dios hecho hombre»[48]. En la pared de cada capilla de Misioneras de la Caridad se escriben las palabras «Tengo sed» cerca del Crucifijo como recordatorio. Y pocos años antes de su muerte, Madre Teresa recordaba a sus hermanas: «Jesús quiere que les diga de nuevo (...) cuánto es el Amor que Él tiene por cada una de ustedes. Más allá de lo que puedan imaginar (...) Él no solo las ama, aún más, las anhela. Él las echa de menos cuando no se acercan [a Él]. Tiene sed de ustedes. Él siempre las ama, incluso cuando no se sienten dignas». Y un poco más adelante, continuaba: «¿Por qué dice Jesús: "Tengo sed"? ¿Qué significa? Algo tan difícil de explicar con palabras. (...) "Tengo sed" es algo mucho más profundo que si Jesús dijera simplemente "Te amo". Hasta que no sepan en lo más profundo de su interior que Jesús tiene sed de ustedes, no pueden empezar a saber quién quiere ser Él para ustedes. O quién quiere Él que ustedes sean para Él»[49].

Al final de la JMJ de Madrid del año 2011, donde miles de jóvenes colaboraron en la organización y desarrollo del evento, el papa Benedicto XVI quiso tener un encuentro de agradecimiento con los voluntarios. Allí, les dijo: «Es posible que en muchos de vosotros se haya despertado tímida o poderosamente una pregunta muy sencilla: ¿Qué quiere Dios de mí?

---

[48] MADRE TERESA, *Explicación de las Constituciones Originales de las Misioneras de la Caridad*, citado en: KOLODIEJCHUK, M. C., Madre Teresa. Ven, sé mi luz, Planeta, Barcelona 2008, p. 62.

[49] MADRE TERESA, *A las hermanas, los hermanos y los Padres*, 25-III-1993, citado en: KOLODIEJCHUK, M. C., *Madre Teresa. Ven, sé mi luz*, pp. 63-64.

¿Cuál es su designio sobre mi vida? ¿Me llama Cristo a seguirlo más de cerca? ¿No podría yo gastar mi vida entera en la misión de anunciar al mundo la grandeza de su amor a través del sacerdocio, la vida consagrada o el matrimonio? Si ha surgido esa inquietud, dejaos llevar por el Señor y ofreceos como voluntarios al servicio de Aquel que **"no ha venido a ser servido sino a servir y a dar su vida como rescate por muchos"** (Mc 10,45). Vuestra vida alcanzará una plenitud insospechada. Quizás alguno esté pensando: el papa ha venido a darnos las gracias y se va pidiendo. Sí, así es. Esta es la misión del papa, Sucesor de Pedro»[50]. *Señor, que nunca falten jóvenes que se ofrezcan a calmar tu sed.*

Marcos narra la muerte del Señor, ocurrida en torno a las tres de la tarde, con pasmosa sencillez: «**Jesús, dando una gran voz, expiró**» (Mc 15, 37). Lucas añade que esa gran voz consistió en esta oración: «**Padre, en tus manos encomiendo mi espíritu**» (Lc 23, 46). *Tus últimas palabras, Señor, son una muestra confiada de abandono en el Padre: ¡qué Amor tan grande le tenías!* Juan no dice nada del grito, pero describe la muerte de Jesús de tal manera que parece más un acto voluntario de ofrenda amorosa al Padre, que algo inevitablemente causado por la propia crucifixión: «**Inclinando la cabeza, entregó el espíritu**» (Jn 19, 30), y añade que, justo antes, dijo: «**Todo está consumado**» (*Idem*), *como si Tú, Señor, nos dijeras: «lo que prometí ayer está hecho: he desposado a mi Iglesia con Amor eterno, por medio de la entrega de mi Cuerpo en la Cruz».*

---

[50] BENEDICTO XVI, Discurso agradecimiento a los voluntarios de la JMJ 2011, en el pabellón IFEMA de Madrid, 21-VIII-2011.

Y entonces, Marcos dice que «**el centurión, que estaba enfrente de Él, al ver cómo había expirado, dijo: "En verdad este hombre era Hijo de Dios"**» (Mc 15, 39). Este centurión habría visto morir a muchos hombres... *¿Qué fue lo que vio, Señor, que le llevó a confesar tu divinidad? Sin duda tu amor y mansedumbre durante toda la crucifixión, tu serena dignidad en la agonía, tu amor confiado al Padre, tu modo de entregar la vida como si de un don se tratara. Mateo indica que le influyó el terremoto y los demás signos que ocurrieron en el momento de tu muerte* (cfr. Mt 27, 51-54). *Pero me gusta también pensar que quizás ese grito tuyo: «¡Todo está consumado!», le influyera en el sentido que sugiere esta confesión —imaginada por Enrique Monasterio— del centurión:*

Llevo más de quince años sirviendo al César con las armas, y muy pronto me llegará la hora del retiro. He combatido cientos de batallas en la Galia, en África, en las tierras frías del Norte y en Oriente. Mi cuerpo está lleno de cicatrices, y sé que ya no tengo el vigor ni el coraje de mi juventud. Durante este tiempo he oído gritar en todas las lenguas y todos los acentos. Gritos de horror y de muerte; gritos de angustia y soledad; gritos de súplica, de rabia, de odio... También gritos de triunfo. Yo mismo he alzado la voz muchas veces con orgullo al terminar una campaña:

—*Consummatum est!* ¡Misión cumplida!

Esta tarde he vuelto a oír ese grito en labios del Nazareno. Estaba a punto de morir. Derrotado en su cruz, solo y abandonado por todos. No entiendo cómo ha podido salir una voz tan poderosa y profunda de un pecho consumido y sin aliento.

Los soldados de la guardia nos hemos puesto en pie. No necesitábamos conocer la lengua de los judíos para entender el sentido de aquel grito: no era el gemido de un agonizante ni el lamento de un reo; era el rugido del león que ha capturado su presa; el del luchador que ha derribado a su enemigo después de una dura pelea.

Entre un millar de voces sé distinguir con toda nitidez el grito jubiloso de la victoria[51].

Tú, Señor, con tu muerte en la Cruz, has vencido al pecado, has derrotado al diablo, y has reparado, con tu obediencia al Padre, la desobediencia de Adán y Eva. Y los frutos de esa victoria ya empiezan a sentirse a la sombra de tu Santa Cruz, en ese centurión que confesó tu divinidad. Jamás hemos de desesperar, por muy negras que veamos las cosas: Tú siempre puedes sacar bien del mal. Solo Juan añade que, después de morir Jesús, **«uno de los soldados le abrió el costado con la lanza. Y al instante brotó sangre y agua»** (Jn 19, 34). Podemos imaginar el dolor que esta lanzada causó a la Virgen. Junto con el pecho de Jesús, atravesó su corazón, y se cumplió aquella profecía de Simeón en el Templo, hacía ya tantos años, mientras sostenía al Niño Jesús en sus brazos: **«Y a tu misma alma la traspasará una espada»** (cfr. Lc 2, 35). María jamás olvidó estas palabras, y ahora sentía que se cumplían.

Señor, ¿qué más podías hacer para mostrarnos tu Amor? Incluso cadáver, tu Cuerpo sigue mostrando los extremos de tu Amor: nos entregas hasta la última gota de tu sangre, como diciendo: «Ya no me queda nada más que daros». Tu corazón abierto

[51] MONASTERIO, E., *Relatos a la sombra de la Cruz*, pp. 83-84.

por la lanzada derrama sus tesoros de amor sobre la humanidad entera, simbolizados en esa agua y esa sangre. Muchos padres de la Iglesia han visto en este hecho una bella imagen de los sacramentos, particularmente del bautismo y la Eucaristía. ¡Gracias, Señor, por amarme tanto! Gracias por haberte dado hasta el final, completamente, a mí. Voy a apreciar los sacramentos en lo que valen: toda tu sangre, y a recibirlos con las mejores disposiciones de que sea capaz. Que yo sepa corresponder a ese amor tuyo loco por mí, Jesús, y darme a Ti.

En un sepulcro nuevo

Ese río de gracias que sale del costado abierto de nuestro Señor, y de cada una de sus llagas alcanza ahora, convirtiéndolos, a dos hombres, ambos miembros del Sanedrín: uno, José de Arimatea, formaba parte del tercio de judíos ricos e influyentes; el otro, Nicodemo, del tercio de fariseos. José de Arimatea seguía a Jesús **«a escondidas por temor a los judíos»** (Jn 19, 38), y Nicodemo había visitado a Jesús **«de noche»** (*Ibidem*, 39), probablemente por miedo a ser visto por los demás. Pero ahora, después de lo que ha pasado, con sus corazones inflamados de amor al Señor, se atreven a ser valientes. Ya no les importa el qué dirán o el qué pensarán los demás. Solo les importa honrar el Cuerpo del Maestro y consolar a su Madre. José de Arimatea pide retirar el Cuerpo de Jesús de la Cruz, y Pilato se lo concede. Nicodemo le acompaña, **«llevando una mixtura de mirra y áloe, de unas cien libras»** (*Idem*): es decir, treinta y dos kilos de perfume. **«Tomaron el cuerpo de Jesús y lo envolvieron en**

lienzos, con los aromas, como es costumbre dar sepultura entre los judíos» (*Ibidem*, 40), y lo pusieron en «**un sepulcro nuevo**», muy cercano al lugar de la crucifixión, «**en el que todavía no había sido colocado nadie**» (*Ibidem*, 41).

Estos hombres, Señor, ponen lo mejor que pueden conseguir antes de que anochezca a tu servicio: los aromas, los lienzos, la sepultura. Y lo hacen con generosidad, sin reservarse nada: ni siquiera ese sepulcro nuevo excavado en la roca. Lo mejor, para el Cuerpo del Maestro. Y, de este modo, nos dan un ejemplo de cómo hemos de cuidar nosotros todo lo relativo al Cuerpo y la Sangre de Cristo, es decir, a la Eucaristía: con mucho amor, y dedicándole lo mejor que, materialmente, podamos conseguir. En una ocasión celebré Misa en un oratorio en el que la Cruz del altar tenía un rubí en cada una de las llagas del Señor. Luego, al abrir el sagrario, me encontré con que dentro y al fondo, donde nadie más que el sacerdote —y Jesús, claro— podría verlo, estaba escrito con diamantes la frase «amo te» —te amo—. Me dijeron que estos diamantes y rubíes eran de una mujer que había querido donar sus joyas de familia para honrar a Jesús en la Eucaristía. Me impresionó mucho el amor de esta mujer —porque el amor humano se manifiesta también en obras y detalles materiales—, y recordarlo me sirve para renovar mis propósitos de tratarte mejor cada día, Señor.

Así termina la Pasión del Señor. No es algo que pasó hace 2000 años y que no me afecta. No. El camino de la Cruz atraviesa los continentes y los siglos, me alcanza a mí, aquí y ahora, me toca y me interpela y, por eso, yo he de encontrar mi lugar en esos sucesos. No puedo ser indiferente, no puedo ser neutral. «¿Saber que me quieres tanto, Dios mío, y... no me he vuelto loco?»[52]. A veces podemos pensar: «¡Si un amigo hubiera dado su vida por mí...!». Murió Jesús, y ¿me voy a quedar indiferente?[53]. Una chica me contó que una de sus hermanas, que vivía en Londres, venía cada año a casa por su cumpleaños. Pero no lo hacía por el cumpleaños, sino por un suceso que había ocurrido diez años atrás en esa fecha. Una buena amiga le había organizado una fiesta sorpresa por el cumpleaños, y fue a buscarla a su casa para llevarla. Iba corriendo y, con la emoción, cruzó sin mirar y un autobús la atropelló. «Murió por mí», repetía su hermana. Y desde entonces, cada año, estuviera donde estuviera, venía a la Misa que su familia celebraba por ella. «¿Cómo no voy a venir?», explicaba su hermana. *Tú, Señor, diste tu vida por mí, ¿cómo no voy a acompañarte en la Santa Misa, donde se hace presente tu sacrificio?*

«Los padres de la Iglesia consideraban que el mayor pecado del mundo pagano era su insensibilidad, su dureza de corazón, y citaban con frecuencia la profecía del profeta Ezequiel: **"Os quitaré el corazón de piedra y os daré un corazón de carne"** (Ez 36, 26). Convertirse a Cristo, hacerse cristiano, quería decir recibir un corazón de carne, un corazón sensible ante la pasión y el sufrimiento de los demás»[54]. Quizás por eso llevamos una cruz colgando de una cadena sobre nuestro pecho, bien cerca del corazón, como animándole a no hacerse duro e indiferente.

---

[52] San Josemaría, *Camino*, n. 425.

[53] Cfr. San Josemaría, *Camino*, n. 437.

[54] Benedicto XVI, *Alocución después del Vía Crucis*, Roma, 6-IV-2007.

Se cuenta de un famoso pintor de París que recibió el encargo de una Crucifixión. Tenía que pintar a María Magdalena al pie de la Cruz. Buscó una modelo en uno de los barrios más pobres de la ciudad: una chica de diecinueve años, que no sabía nada de Jesucristo. Durante las sesiones, la chica le fue preguntando qué representaba el cuadro, quienes eran los protagonistas, quien era María Magdalena, etc. El pintor le iba contando. A ella le emocionaba que Jesús hubiera dado la vida por nosotros, y se entabló este diálogo:

— ¿Y dice usted que todo eso lo pasó por nosotros?, ¿por mí?
— Sí, por ti y por mí, por todos, a causa de nuestros pecados.
— ¡Lo hizo por mí! ¡Entonces tengo la obligación de quererlo mucho, de quererle siempre! Y usted, que tanto tiempo hace que le conoce, ¡cuánto debe quererle!

Desarmado por esta inocencia y bondad, el artista continuó en silencio su trabajo, conmovido y avergonzado, porque llevaba mucho tiempo alejado de Dios. Comenzó a llorar, y ahí comenzó su conversión. *Quizás, Señor, también yo estoy un poco acostumbrado a tu Pasión, y no me dejo tocar por el Amor que pusiste en ella, no dejo a mi corazón conmoverse por tu Amor por mí y encenderse en deseos de correspondencia... ¡Dame una fe más viva, y un corazón más agradecido! ¡Enséñame a amar!*

La Cruz de Cristo ha producido un movimiento en pos de Jesús a lo largo de la historia. Cristo no quiere admiradores sino seguidores, imitadores. «A lo largo de los milenios, muchedumbres de hombres y mujeres han quedado seducidos por este misterio y le han seguido, haciendo al mismo tiempo de su vida un don a sus hermanos, como Él y gracias a su ayuda. Son los santos y los mártires, muchos de los cuales nos son desconocidos»[55]. Tú puedes ser uno de ellos.

«Quien no toma su cruz y me sigue no es digno de mí» (Mt 10, 38). En lo grande y en lo pequeño. Hace unos años fui a pasar la Semana Santa ayudando en el Santuario mariano de Torreciudad (Huesca, España). Después de los oficios del Viernes Santo me encontré con un joven al que conocí de adolescente, y que hacía años que no veía. Me sorprendió ver que le faltaba una pierna. Él notó mi desconcierto, y me explicó que había sido consecuencia de un accidente de moto. Luego, con una sonrisa añadió: «Pero más sufrió Jesús, lo mío no es nada». *Fue toda una lección para mí, Señor, y me viene muchas veces a la cabeza.* O en cosas más pequeñas, como aquel chaval de doce años que, al preguntarle si le costaba levantarse por la mañana respondió que no, que lo hacía instantáneamente. Le pregunté cómo lo conseguía, y me dijo: «Muy fácil, es gracias a una cosa que me enseñó mi abuela. Cuando mi madre viene a despertarme, yo pienso: "Jesús, Jesús, yo en la cama... ¡y Tú en la Cruz!" Y salto de la cama...». Cristo ha muerto por ti. Tú, ¿qué estás dispuesto a hacer por Cristo? Benedicto XVI hacía esta misma pregunta a cientos de miles de jóvenes, para después responderla él mismo: «Ante un amor tan desinteresado, llenos de estupor y gratitud, nos preguntamos ahora: ¿Qué haremos nosotros por él? ¿Qué respuesta le daremos? San Juan lo dice

---

[55] BENEDICTO XVI, *Alocución después del Via Crucis*, Roma 10-IV-2009.

claramente: **"En esto hemos conocido el amor: en que él dio su vida por nosotros. También nosotros debemos dar nuestra vida por los hermanos"** (1 Jn 3, 16)»[56]. *Dar la vida por los demás. Es la única respuesta posible, Señor. Es lo que da sentido al vivir. Para eso estoy en la tierra. Como Tú.*

En el Gólgota ha quedado una cruz vacía. La Santa Cruz. *Esa Cruz vacía es testigo de tu Amor inmenso por nosotros, Señor. Y es una invitación a aprender la ciencia más difícil, la ciencia de la Cruz, porque supone una inversión total de los valores que el mundo aprecia: en vez de comodidad, sacrificio; en vez de paz, lucha; en vez de bienestar, esfuerzo; en vez de mentira, sinceridad hasta dar la vida por la verdad; en vez de retener y acaparar, dar y compartir; en vez de brillar y dominar, pasar oculto y servir; en vez del egoísmo de pensar en mí, el amor de pensar siempre en los demás; en vez de muerte, vida.* ¡Qué bien lo entendieron los santos! «Yo te voy a decir cuáles son los tesoros del hombre en la tierra para que no los desperdicies: hambre, sed, calor, frío, dolor, deshonra, pobreza, soledad, traición, calumnia, cárcel...»[57]. Por eso, como advertía san Pablo, **«el mensaje de la Cruz es necedad para los que se pierden, pero para los que se salvan, para nosotros, es fuerza de Dios»** (1 Cor 1, 18). El beato Álvaro, el 15-IX-1975, al ser elegido por unanimidad primer sucesor de san Josemaría, en medio del aplauso atronador de los electores, repetía por lo bajo —solo una persona pegada al altavoz lo pudo escuchar—: «Señor, que mi único aplauso sea la Cruz». Ante esa cruz desnuda, repetimos ahora con santa Teresa:

[56] BENEDICTO XVI, *Vía Crucis Cibeles durante la JMJ Madrid 2011*, 19-VIII-2011.

[57] SAN JOSEMARÍA, *Camino*, n. 194.

Cruz, descanso sabroso de mi vida
vos seáis la bienvenida.
Oh bandera, en cuyo amparo
el más flaco será fuerte,
oh vida de nuestra muerte,
qué bien la has resucitado;
al león has amansado,
Pues por ti perdió la vida:
Vos seáis la bienvenida.

Quien no os ama está cautivo
y ajeno de libertad;
quien a vos quiere allegar
no tendrá en nada desvío.
Oh dichoso poderío,
donde el mal no halla cabida,
vos seáis la bienvenida.

Vos fuisteis la libertad
de nuestro gran cautiverio;
por vos se reparó mi mal
con tan costoso remedio;
para con Dios fuiste medio
de alegría conseguida:
vos seáis la bienvenida[58].

Junto a esa Cruz, siempre encontraremos a nuestra Madre, ella fue quien más consuelo dio a su Hijo. Tú y yo no nos separaremos de ella: «La Virgen Santísima es nuestra Madre, y no queremos ni podemos dejarla sola»[59].

---

[58] Santa Teresa de Jesús, «Cruz, descanso sabroso», en *Obras completas*, BAC, Madrid 1967, XX.

[59] San Josemaría, *Via Crucis*, XIII.

5. RESURRECCIÓN (DOMINGO DE RESURRECCIÓN)

«Paz a vosotros»

Después de dejar al Señor en el sepulcro, María, la Madre de Jesús, José de Arimatea, Nicodemo, el apóstol Juan, María Magdalena y las demás mujeres, regresaron a sus casas. Empezaba el Sabbat, que se observaba desde el atardecer del viernes hasta la aparición de las tres primeras estrellas en la noche del sábado.

El día de María

Ese primer Sábado Santo de la historia debió ser un día extraño. Para los apóstoles y discípulos que habían abandonado al Señor, un día de llanto y remordimiento por su traición y, a la vez, un día de vuelta a casa, a la comunidad de discípulos reunidos en torno a María. Para quienes habían acompañado a Jesús en la Cruz, un día de asombro y dolor, al rememorar lo vivido en el Calvario, pero también, un día de acogida y consuelo a quienes regresaban avergonzados. Y en el centro de todos, María.

Con Jesús en el sepulcro, los Apóstoles y discípulos abatidos y dispersos, solo quedaba en pie la fe de María, la Madre de Jesús —y, desde aquel primer Viernes Santo también Madre de los discípulos—. Toda la fe y esperanza de la Iglesia se conservaba, como un precioso tesoro, en su corazón. Uno a uno iría recuperando a los apóstoles, abrazándolos. *Madre, te necesitamos, necesitamos de tu fe para sostener nuestra esperanza. Tú siempre proteges nuestra fe, sostienes nuestra lucha, nos atraes en nuestro camino de regreso a casa. Por eso ¡qué natural resulta acudir a ti, Madre, cuando nos sintamos vacíos y sin fuerzas!* «Antes, solo, no podías... − Ahora, has acudido a la Señora, y, con Ella, ¡qué fácil!»[1]. La necesitamos. Sin ella, no podemos. Lo recordaba el beato Álvaro: «La lucha cuesta. Hijas e hijos, escuchadme: acudid a nuestra Madre ante cualquier apuro. Cuando se presente cualquier dificultad —grande o pequeña—, llamadla "fuerte, fuerte", como nos aconsejaba nuestro Fundador: "¡Madre!, ¡Madre mía!". Y habrá siempre paz en nuestra alma. Esa paz, que es presagio del eterno descanso que, como premio a la lucha, un día nos dará el Señor por la intercesión de la Virgen. ¡Madre!: *ut loquaris pro nobis bona*[2] (Preces de la Obra). Aunque a veces me veas caminar con un paso tan desgarbado, ruega al Señor que me mire con compasión y no me separe jamás de su lado»[3].

De la misma manera que una madre no se duerme hasta que llega a casa el último de sus hijos a las tantas de la noche, quizás un poco «perjudicado» —con alguna copa de más—; así la Virgen María nos espera en vela en el Cielo, y no cejará hasta que descansemos allí con ella. Por eso, san Bernardo nos animaba: «Tú, quienquiera que seas, que te miras en

---

[1] San Josemaría, *Camino* 513.

[2] En castellano: «Acuérdate de hablar bien de nosotros» (cuando estés en la presencia de nuestro Señor).

[3] Beato Alvaro del Portillo, *Carta 2-II-1978*, n. 28.

la impetuosa corriente del mundo (...), no apartes los ojos del resplandor de esta estrella, si quieres no ser oprimido por las borrascas. Si se levantan los vientos de las tentaciones, si tropiezas en los escollos de las tribulaciones, mira a la estrella, llama a María. Si eres agitado por las olas de la soberbia, de la detracción, de la ambición o de la envidia, mira a la estrella, llama a María. Si la ira, la avaricia o la impureza impelen violentamente la navecilla de tu alma, mira a la estrella, llama a María (...). No te descaminarás si la sigues, no desesperarás si la ruegas, no te perderás si en Ella piensas. Si Ella te tiene de su mano, no caerás; si te protege, nada tendrás que temer; no te fatigarás, si es tu guía: llegarás felizmente a puerto, si Ella te ampara»[4]. El Sábado Santo es un día de quietud y vacío.

Dios hecho hombre ha muerto, ya no está entre nosotros. Es un día de duelo y silencio. La creación entera calla aterrada porque el Rey duerme en el sepulcro. Pero es también el día de María. Su silencio es un silencio expectante, porque viene la Resurrección.

Volver a escuchar los latidos del corazón de Jesús

Podemos imaginar el Cuerpo de Jesús en la obscuridad del sepulcro. Todo lo que ha pasado ha sido fruto de su amor al Padre y a nosotros. Él dijo en una ocasión: «**Yo soy "la Vida"**» (Jn 14, 6). Él era uno con el Dios vivo por el amor: «Era una sola cosa con la vida indestructible, de manera que esta vida brotó de nuevo a través de la muerte», gracias al amor. De alguna manera, la

---

[4] SAN BERNARDO, *Homiliae super "Missus est"* 2, 17.

muerte no pudo contener ese amor que le hacía estar en comunión existencial con Dios, y revivió. Por eso afirmamos que el amor del Señor es más fuerte que la muerte. «La resurrección fue como un estallido de luz, una explosión del amor que desató el vínculo hasta entonces indisoluble del "morir y devenir"»[5]. Un estallido de amor.

«Pasado el sábado, al alborear el día siguiente, fueron María la Magdalena y la otra María a ver el sepulcro» (Mt 28, 1). Marcos dice que fue también Salomé (cfr. Mc 16, 1). Lucas no cita a Salomé y añade a Juana, y añade otras mujeres sin decir sus nombres (cfr. Lc 24, 10). Juan, por último, solo habla de María Magdalena. Puede sorprender esta falta de unanimidad en los Evangelios. Es algo característico de las narraciones de la Resurrección. Los discípulos eran los hombres más reacios del mundo a creerla posible. Por otra parte, el cuerpo de Jesús tenía propiedades misteriosas y desconocidas. No es extraño que la verdad tuviera que abrirse camino paso a paso con mucha dificultad y resistencia en la mente de los discípulos. Lo que ocurrió aquel día fue algo tan inconcebible e inaudito, tan ajeno a la experiencia humana hasta ese momento, tan difícil de creer y contar, que los relatos de los evangelistas son confusos y enmarañados, se entrecruzan entre sí y, en ocasiones, son difíciles de casar. Pero ahí está su grandeza: los testigos de la Resurrección del Señor no intentaron construir un relato coherente y creíble, sino contar con fidelidad —e inspirados por Dios— aquello que vieron y oyeron, aquello que recordaban haber experimentado,

---

[5] BENEDICTO XVI, *Homilía durante la Vigilia Pascual*, Roma, 15-IV-2006.

aunque hubiera cosas inexplicables y misteriosas. Se cuenta que Rousseau contestó así a un amigo que le decía que los relatos evangélicos de la Resurrección eran invenciones: «¿Invenciones, dices? Amigo mío, ¡así no se inventa!». *Señor, verdaderamente, como farsa, los Evangelios son un verdadero desastre. Pero ahí reside su fuerza y su garantía de verdad.*

Marcos dice que las mujeres se preguntaban entre sí: **«¿Quién nos removerá la piedra de la entrada del sepulcro?»** (Mc 16, 3). Pero, aunque no tenían una respuesta, seguían adelante. Tampoco sabían si los soldados les dejarían entrar: probablemente no. Pero seguían adelante, imparables. A la buena de Dios. Más guiadas por el amor de su corazón, que por razones objetivas. Y, como siempre ocurre, «a quien hace lo que puede Dios no le niega su gracia»[6]. Cuando llegan, los obstáculos insalvables ya no lo son: los soldados han huido llenos de pánico, y la piedra que impedía el paso al sepulcro ha sido puesta a un lado. Esto siempre pasa: a quien insiste con tozudez en lo que cree bueno, venciendo el temor y la pereza, con sacrificio, Dios le ayuda, y remueve los obstáculos. El mundo es de Dios, pero se lo alquila a los valientes. Audacia. Ambición. Las cosas que nos parecen imposibles lo son porque nos lo parecen, no porque lo sean realmente. **«Porque para Dios nada hay imposible»** (Lc 1, 37), dijo el ángel Gabriel a María.

Volvamos al relato de Mateo. Se nos dice que María Magdalena y la otra María (la de Santiago) fueron **«al alborear el día»** (*Idem*), es decir, de madrugada, **«muy temprano, cuando todavía estaba oscuro»** (Jn 20, 1).

---

[6] San Josemaría, *Via Crucis*, X, n.3.

Es la impaciencia del amor, Señor. Estas mujeres quizás han pasado la noche en vela, esperando a que acabara el sábado para poder reunirse contigo. No soportan estar sin Ti. El amor siempre dice: «Tú y yo viviremos para siempre», siempre busca la presencia del amado. ¡Y ahora Jesús, su Amor, estaba muerto! ¿Cómo permanecer en casa y no correr hacia el sepulcro?

El papa Francisco, en una homilía memorable, comentaba así esta escena:

> Podemos imaginar esos pasos..., el típico paso de quien va al cementerio, paso cansado de confusión, paso debilitado de quien no se convence de que todo haya terminado de esa forma... Podemos imaginar sus rostros pálidos... bañados por las lágrimas y la pregunta, ¿cómo puede ser que el Amor esté muerto?

> A diferencia de los discípulos, ellas están ahí —como también acompañaron el último respiro de su Maestro en la cruz y luego a José de Arimatea a darle sepultura—; dos mujeres capaces de no evadirse, capaces de aguantar, de asumir la vida como se presenta y de resistir el sabor amargo de las injusticias. Y allí están, frente al sepulcro, entre el dolor y la incapacidad de resignarse, de aceptar que todo siempre tenga que terminar igual.

> Y si hacemos un esfuerzo con nuestra imaginación, en el rostro de estas mujeres podemos encontrar los rostros de tantas madres y abuelas, el rostro de niños y jóvenes que resisten el peso y el dolor de tanta injusticia inhumana. (...)

> En el rostro de estas mujeres están muchos rostros, quizás encontramos tu rostro y el mío. Como ellas, podemos sentir el impulso a caminar, a no conformarnos con que

las cosas tengan que terminar así. Es verdad, llevamos dentro una promesa y la certeza de la fidelidad de Dios. Pero también nuestros rostros hablan de heridas, hablan de tantas infidelidades, personales y ajenas, hablan de nuestros intentos y luchas fallidas. Nuestro corazón sabe que las cosas pueden ser diferentes, pero, casi sin darnos cuenta, podemos acostumbrarnos a convivir con el sepulcro, a convivir con la frustración. Más aún, podemos llegar a convencernos de que esa es la ley de la vida, anestesiándonos con desahogos que lo único que logran es apagar la esperanza que Dios puso en nuestras manos. Así son, tantas veces, nuestros pasos, así es nuestro andar, como el de estas mujeres, un andar entre el anhelo de Dios y una triste resignación. No solo muere el Maestro, con él muere nuestra esperanza[7].

Quizás tú eres una de esas personas que están ahí, sufriendo la injusticia, soportando con buena cara el dolor, haciendo lo que toca en tu casa, en tu trabajo, en tu grupo de amigos, derrochando cariño y ternura a tu alrededor en un mundo surcado por el egoísmo y la violencia. Quizás te has planteado que no puede ser que todo acabe siempre igual, que el egoísmo y la maldad triunfen sobre la generosidad y la bondad, que la mentira prevalezca sobre la verdad. Quizás eres una de esas personas que piensa que la vida y el mundo no pueden ser así, que la resignación no es la última palabra, que el Amor de Dios debe ser capaz de romper los sepulcros en los que tantas veces están encerradas nuestras ilusiones y deseos más profundos. Pues tienes razón...

Porque al llegar las mujeres al sepulcro, «**de pronto tembló fuertemente la tierra**» (Mt 28, 2), es decir,

---

[7] Francisco, *Homilía durante la Vigilia Pascual*, Roma 2017, 15-IV-2017.

aquello en lo que se apoyaban: su pensamiento, su creencia de lo que era posible e imposible, su experiencia de la vida; todo eso, experimentó una fuerte sacudida, dejó de estar donde estaba, «**pues un ángel del Señor, bajando del cielo y acercándose, corrió la piedra y se sentó encima**» (*Idem*). *Tú, Señor, puedes abrir las puertas cerradas de todos los sepulcros donde se encierran nuestras esperanzas frustradas, nuestras ilusiones marchitas, nuestros amores heridos. ¡Así son nuestros corazones a veces! Y muchas veces lo haces por medio de un enviado, un ángel, que retira los obstáculos que impiden a nuestro corazón recuperar la fe, la esperanza, el amor y la alegría.* «**El ángel habló a las mujeres: "Vosotras no temáis, ya sé que buscáis a Jesús el crucificado. No está aquí: ¡ha resucitado!, como había dicho"**» (*Ibidem*, 5-6). ¡Jesús está con nosotros de nuevo! ¡Su corazón traspasado de amor por nosotros vuelve a latir con latidos de amor!

Comentaba el papa Francisco en la homilía de la Vigilia Pascual de 2017:

> Tal es el anuncio que generación tras generación esta noche santa nos regala: No temamos hermanos, ha resucitado como lo había dicho. «La vida arrancada, destruida, aniquilada en la cruz ha despertado y vuelve a latir de nuevo» (cfr. R. Guardini, *El Señor*). El latir del Resucitado se nos ofrece como don, como regalo, como horizonte. El latir del Resucitado es lo que se nos ha regalado, y se nos quiere seguir regalando como fuerza transformadora, como fermento de nueva humanidad. Con la Resurrección, Cristo no ha movido solamente la piedra del sepulcro, sino que quiere también hacer saltar todas las barreras que nos encierran en nuestros estériles

pesimismos, en nuestros calculados mundos conceptuales que nos alejan de la vida, en nuestras obsesionadas búsquedas de seguridad[8].

¡Es necesario dejarse sorprender por Dios! ¡Romper la camisa de fuerza del pesimismo! ¡No dejarnos encerrar en el "no puedo", que oculta nuestra comodidad! ¡Dios es más fuerte, siempre!

Dios irrumpe para trastocar todos los criterios y ofrecer así una nueva posibilidad. Dios, una vez más, sale a nuestro encuentro para establecer y consolidar un nuevo tiempo, el tiempo de la misericordia. Esta es la promesa reservada desde siempre, esta es la sorpresa de Dios para su pueblo fiel: alégrate porque tu vida esconde un germen de resurrección, una oferta de vida esperando despertar[9].

El ángel entonces, después de invitar a las mujeres a contemplar el sepulcro vacío, les da una misión: «**Id aprisa a decir a sus discípulos: "Ha resucitado de entre los muertos y va por delante de vosotros a Galilea. Allí lo veréis". Ellas se marcharon a toda prisa del sepulcro; llenas de miedo y de alegría corrieron a anunciarlo a los discípulos**» (*Ibidem*, 7-8). La alegría da alas. El anuncio del latir del Resucitado, el anuncio de que Cristo vive, «cambió el paso de María Magdalena y la otra María, eso es lo que las hace alejarse rápidamente y correr a dar la noticia. (...) Así como ingresamos con ellas al sepulcro, los invito a que vayamos con ellas, que volvamos a la ciudad, que volvamos sobre nuestros pasos, sobre nuestras miradas. Vayamos con ellas a anunciar la noticia,

---

[8] *Idem.*

[9] *Idem.*

vayamos... a todos esos lugares donde parece que el sepulcro ha tenido la última palabra, y donde parece que la muerte ha sido la única solución. Vayamos a anunciar, a compartir, a descubrir que es cierto: el Señor está vivo. Vivo y queriendo resucitar en tantos rostros que han sepultado la esperanza, que han sepultado los sueños, que han sepultado la dignidad. (...) Vayamos y dejémonos sorprender por este amanecer diferente, dejémonos sorprender por la novedad que solo Cristo puede dar. Dejemos que su ternura y amor nos muevan el suelo, dejemos que su latir transforme nuestro débil palpitar»[10]. *Señor, también yo estoy llamado a dar este testimonio: «¡Cristo vive!». ¡Qué alegría, que fuerza, que ganas de vivir, confiere este anuncio! Hay mucha gente que piensa que Tú estás muerto para siempre en la sociedad del siglo XXI. Pero no. Solo estamos en Sábado Santo. Tú puedes más que la muerte, resurgirás con tu poder y llenarás de luz nuestros ojos el Domingo de Resurrección.*

Dice José Fernando Rey que, en el alma de estas dos mujeres combaten dos lógicas distintas, la de la luz y la de las tinieblas, del mismo modo que en su corazón se unen el miedo y el gozo[11]. Miedo por si los judíos han robado el cuerpo del Señor, y ahora irán a por los discípulos. Gozo por el anuncio del ángel, aunque ¡es tan difícil de entender y creer! El camino del Gólgota al Cenáculo, donde estaban los discípulos, no es largo: apenas quinientos metros. Fue suficiente para que esta

[10] *Idem.*

[11] Para todo este párrafo: Cfr. REY BALLESTEROS, J. F., *La Resurrección del Señor*, Cobel, Madrid 2015, p. 50 y ss. Este excelente libro está en la base de muchas de las consideraciones de este capítulo.

primera batalla del día fuera vencida por la lógica de las tinieblas. Pudo más el miedo. Quizás, al llegar y tener que contar lo sucedido a aquellos hombres abatidos, las mujeres redujeron el encuentro con el ángel a la categoría de anécdota, o incluso ni lo mencionaron, pues podría crear malestar y restar credibilidad a su mensaje. Quizás a esto se refiera Marcos cuando dice en su relato: **«No dijeron nada a nadie porque tenían miedo»** (Mc 16, 8). Así que pudiera ser que se limitaran al anuncio que consigna Juan: **«Se han llevado del sepulcro al Señor; y no sabemos dónde le han puesto»** (Jn 20, 2). Y por eso, Pedro y Juan salieron inmediatamente corriendo hacia el sepulcro, como narra el mismo Juan (Cfr. *Ibidem*, 3-4). Con cierta mala conciencia por haber ocultado lo del ángel, después de un cruce de miradas, una de ellas, quizás la Magdalena, habló de ese ángel bañado en luz, que no se le iba de la memoria, y de sus palabras: **«¡Ha resucitado!»** (Mt 28, 6). Pero al poco se arrepintió, porque a los discípulos, como dice san Lucas, esas palabras **«les parecían como desatinos, y no las creían»** (Lc 24, 11). Así que la Magdalena decidió volver a donde el sepulcro, abrió la puerta y salió, acompañada de la otra María, y se fueron corriendo al sepulcro.

«De pronto, Jesús les salió al encuentro y les dijo: "Alegraos"» (Mt 28, 9). *Te imagino, Señor, cambiando tus planes, por amor a estas mujeres. Quizás mientras ibas a ver a tu Madre —¿cómo pensar que no fuera ella la primera?—, las viste ir por primera vez al sepulcro, y les mandaste tu ángel con el anuncio. Pero ahora, al verlas de nuevo ir al sepulcro, incomprendidas por los discípulos, te conmueves y les sales al paso, con una sonrisa en tu rostro. Quizás primero les saludaras con una broma: «¿A dónde vais tan deprisa?». Ellas dan*

un frenazo. Dudan: «¿Será verdad lo que vemos?».
Y entonces suena con fuerza tu mensaje: «¡Alegraos!»
Tus primeras palabras como resucitado son iguales
a las primeras palabras del Evangelio, dirigidas a
María por el arcángel Gabriel: «Alégrate» (Lc 1, 28).
Y bajo ese arco de alegría discurre todo el Evangelio, y
toda nuestra vida de cristianos. Hay cruz, sí, pero
también resurrección. Jamás podemos dejarnos robar
la esperanza, por muy mal que esté el mundo, por
mucha injusticia que veamos, por mucha miseria que
tengamos en nuestro interior. Jesús es más fuerte,
ha clavado en la Cruz esos males, los ha vencido, y ha
resucitado. Hay esperanza, se puede volver a empezar,
el amor puede revivir, las lágrimas pueden tornarse
en risas, mi remordimiento puede convertirse en paz,
mi pesar en alivio y la desilusión en esperanza. Los
cristianos somos «incombustibles», unos optimistas
recalcitrantes. Nunca decimos «jamás», «imposible»,
«todo está perdido». Sabemos algo que los demás no
saben: ¡Cristo ha resucitado y ya no puede volver a
morir! Hay motivos para la alegría. Como Jesús nos
enseñó una vez: **«Bienaventurados los que lloran,**
porque serán consolados... Bienaventurados los que
tienen hambre y sed de justicia, porque quedarán
saciados... Bienaventurados los que padecen
persecución por causa de la justicia, porque suyo
es el Reino de los Cielos...» (Mt 5, 3; 6; 10).

Volver al primer amor

«Ellas se acercaron, le abrazaron los pies y se
postraron ante él» (Mt 28, 9). Nos podemos imaginar
sus lágrimas de alegría. Como cuando despertamos
de un sueño en el que pensábamos que alguien muy

querido había muerto por nuestra culpa, y descubrimos que no es verdad. Y junto a la alegría, el temor ante lo sobrenatural, al estar hablando con quien habían visto expirar en la Cruz... **«Jesús les dijo: "No temáis: id a comunicar a mis hermanos que vayan a Galilea; allí me verán"»** (*Ibidem*, 10). *¡Qué insistencia en que vayan a Galilea, Señor! Primero el ángel, y ahora Tú. ¿Por qué? ¿Qué había tan importante en Galilea? Nos lo explicaba el papa Francisco: «Galilea es el lugar de la primera llamada, donde todo empezó. Volver allí, volver al lugar de la primera llamada»*[12]. *Es decir, volver al lugar del primer amor, al lugar donde por primera vez los discípulos quedaron fascinados por tus palabras y atónitos por tus milagros, es volver a donde empezaron a tener fe en Ti, es volver a la tierra donde surgió la primera comunidad de discípulos.*

La conversión es volver al origen. No es ir cambiando de piel como una serpiente, sino desprenderse de todo lo que se me ha ido pegando y que no es de Dios (desencanto, orgullo, miedo, resentimiento, sensualidad, frivolidad, dureza de corazón, mentira, etc.), para recuperar mi alma de niño, tal y como salió de las manos de Dios después del bautismo. Volver al origen de mi fe ingenua. Volver al origen de mi amor tierno a Jesús. Volver al origen de mi matrimonio, de mi vocación, de esa amistad, de mi relación con mis padres y hermanos. Pero con la fuerza de la Cruz y la Resurrección. Porque, como nos dice el papa Francisco, «volver a Galilea quiere decir releer todo a partir de la cruz y de la victoria»[13]. En la vida de cada uno de nosotros hay una «Galilea», un lugar a donde volver

---

[12] Francisco, *Homilía durante la Vigilia Pascual*, Roma 2014, 19-IV-2014.
[13] *Idem.*

siempre: nuestro Bautismo, «ese punto incandescente en que la gracia de Dios me tocó al comienzo del camino»[14]. Pero muchas veces «hay también una "Galilea" más existencial: la experiencia del encuentro personal con Jesucristo, que me ha llamado a seguirlo y participar en su misión. En este sentido, volver a Galilea significa custodiar en el corazón la memoria viva de esta llamada, cuando Jesús pasó por mi camino, me miró con misericordia, me pidió seguirlo; recuperar la memoria de aquel momento en el que sus ojos se cruzaron con los míos, el momento en que me hizo sentir que me amaba. Hoy, cada uno de nosotros puede preguntarse: ¿Cuál es mi Galilea? ¿Dónde está mi Galilea? ¿La recuerdo? ¿La he olvidado? He andado por caminos y senderos que me la han hecho olvidar. Señor, ayúdame: dime cuál es mi Galilea; sabes, yo quiero volver allí para encontrarte y dejarme abrazar por tu misericordia»[15].

Lágrimas, dos ángeles y un abrazo

En el relato de Juan, la protagonista es María Magdalena. *Bueno, lo eres Tú, Señor, el Resucitado, pero ya me entiendes...* No se nos habla de las otras mujeres que la acompañaban. Una vez que ve quitada la losa del sepulcro (cfr. Jn 20, 1), esta mujer joven e impulsiva sale corriendo —y las demás tras ella— y avisa a los discípulos: «**Se han llevado al Señor del sepulcro, y no sabemos dónde lo han puesto**» (*Ibidem*, 2). Pedro y Juan van corriendo al sepulcro

---

[14] *Idem.*

[15] *Idem.*

(*Ibidem*, 3), seguidos de cerca por la Magdalena, esta atleta de Dios, a la que el amor a Jesús da alas. Los discípulos, después de observar el sepulcro vacío, vuelven al Cenáculo (*Ibidem*, 10). Pero María Magdalena se queda junto al sepulcro, desolada. «Al volverse los hombres, un afecto más fuerte sujetaba al sexo más débil en el mismo lugar»[16], dice san Agustín. Ella estuvo allí, al pie de la Cruz, y presenció la sepultura del Señor. «Se sintió amada como nunca lo había sido. Y ahora, cuando ese amor se ha vuelto herida, no conoce otro lugar donde llorarla (...). El Amor convierte en dulce el dolor más amargo. Un encuentro amoroso deja marcado para siempre, en el alma de los amantes, el escenario en que ha tenido lugar. Un banco de un parque, un árbol, una iglesia desvencijada»[17]. La amante vuelve al lugar de su amor. William Somerset Maugham lo explicaba así: «Me parece que los sitios donde los hombres han amado o han sufrido guardan siempre un lejano aroma de algo que no acaba de morir. Es como si hubieran adquirido un significado espiritual, que intensamente afecta a aquellos que los cruzan. (...) Creo que este sitio es hermoso, porque aquí he amado con toda mi alma»[18]. *Por eso mismo, Señor, nosotros miramos tu Santa Cruz con cariño, y es nuestro refugio en momentos de sufrimiento. Porque ahí nos amaste con toda el alma. Y por eso es tan especial el Santo Sepulcro de Jerusalén, para quienes hemos tenido la suerte de rezar con calma en su interior. Porque ahí tu Amor se mostró tan*

[16] San Agustín, *Sobre el Evangelio de San Juan*, 121, 1.

[17] Rey Ballesteros, J.F., *La Resurrección del Señor*, p. 90.

[18] Maugham, W. S., «El rojo», en *La Carta y otros relatos*, Manantial, Barcelona 1966, p. 133.

indestructible como para burlar la muerte, y abrirnos
a todos tus hermanos —¡gracias, Jesús!— las puertas
del Cielo.

Juan nos dice que «**María estaba fuera, llorando junto al sepulcro**» (*Ibidem*, 11). El llanto de la Magdalena la hace aún más bella. Es un llanto de amor. En su alma es todavía de noche, aunque Jesús ya haya amanecido. Llora la ausencia de su amor, como la esposa del *Cantar de los cantares*[19].

> **En mi lecho, por las noches,**
> **he buscado el amor de mi alma.**
> **Busquele y no le hallé.**
> **Me levantaré, pues, y recorreré la ciudad.**
> **Por las calles y las plazas**
> **buscaré al amor de mi alma.**
> **Busquele y no le hallé.**
> (Cant 3, 1-2)

Un mundo sin Cristo duele. Muchas veces no se puede hacer otra cosa más que llorar: no hay por qué ocultarlo. Díselo: *yo te amo, Señor, no puedo vivir sin Ti, no siento ninguna vergüenza en decirlo, porque ya no sé ni quiero vivir sin Ti, como la Magdalena, y me gustaría gritarlo a los oídos de esos corazones fríos e indiferentes, que no te aman porque no te conocen.*

«**Mientras lloraba, se inclinó hacia el sepulcro, y vio dos ángeles, de blanco, sentados uno a la cabecera y otro a los pies, donde había sido colocado el cuerpo de Jesús**» (Jn 20, 11-12). Esos ángeles están

---

[19] Tomo este maravilloso paralelismo, al igual que muchas ideas de este capítulo, del excelente libro: REY BALLESTEROS, J. F., *La Resurrección del Señor*, pp. 80-152.

custodiando la puerta que se ha abierto en ese muro infranqueable entre la tierra y el Cielo, por donde se derrama la claridad infinita de la Gloria, llenándolo todo de luz. *Has sido Tú, Señor Resucitado, quien la has abierto, y así permanecerá para toda la eternidad, permitiendo a los hombres de buena voluntad su paso rumbo a la felicidad eterna.* Y esos ángeles, bañados de luz celestial, se conmueven ante el rostro bañado en lágrimas de María y le preguntan: **«Mujer, ¿por qué lloras?»** (*Ibidem*, 13). María está tan absorta en una belleza mayor, mejor dicho, en su ausencia, que cualquier ser creado, ¡hasta un ángel!, ha dejado de interesarle. Ciega de amor, se da el lujo de confundirlos con algún paseante que hubiera salido a tomar el fresco en el amanecer. **«Ella les contesta: "Porque se han llevado a mi Señor y no sé dónde lo han puesto"»** (*Idem*). ¡Ese posesivo —«*mi* Señor»— de quien ama tiernamente! Ya no se conforma con nada menos que «su» Señor, y a su lado, hasta los ángeles palidecen. Como le ocurre a la Amada del Cantar:

> Los centinelas me encontraron,
> los que hacen la ronda en la ciudad:
> «¿Habéis visto al amor de mi alma?».
> (Cant 3, 3)

Señor, si yo tuviera un amor así, qué poca importancia daría a tantas cosas que, a veces, ocupan mi cabeza y mi corazón: el aprecio y la estima de los demás, el dinero, la libertad de hacer lo que quiero, la seguridad del futuro, la preocupación por la belleza y la salud, o incluso mis deseos de no tener defectos. ¡Dame ese amor a Ti, Jesús, un amor como el de la Magdalena, y pídeme lo que quieras!

«**Dicho esto, [María] se vuelve y ve a Jesús, de pie pero no sabía que era Jesús**» (*Ibidem*, 14). María llora, Jesús la mira y sonríe. *Da la impresión, Señor, de que has tenido que volver sobre tus pasos a consolar a esta loca de amor. Ni los ángeles lo han logrado, aunque han provocado, con sus preguntas, una declaración de amor —*«**Se han llevado a mi Señor**»*— a la que no te puedes resistir. Esta mujer se te ha adelantado, como tu Madre en Caná (cfr. Jn 2, 4-5). Tan temprano ha ido a verte que no te ha dado ni tiempo a ir al Padre (cfr. Jn 20, 17). ¡Ya no se puede ni resucitar en paz! Señor, ¿tanto te importa mi amor por Ti como para venir a buscarlo? Porque ¿no es eso lo que haces en cada Comunión?*

Jesús le dice: «**Mujer, ¿por qué lloras?, ¿a quién buscas?**» (Jn 20, 15). *Ahora eres Tú el que preguntas, buscando esa misma declaración de amor. La quieres escuchar de sus labios. Y su respuesta te seduce: ella, pensando que eras el hortelano, se ofrece a hacer todo el trabajo, no piensa en el robo, solo piensa en Ti, en recuperar tu cuerpo, para embalsamarlo con amor:* «**Señor, si tú te lo has llevado, dime dónde lo has puesto y yo lo recogeré**» (*Idem*). Esta loca de María Magdalena...

«María Magdalena llora, echa un mar de lágrimas. *Necesita al Maestro. Había ido allí para consolarse* un poco estando cerca de Él, para hacerle compañía, porque sin el Señor no merece la pena ninguna cosa. Persevera en oración, le busca por todos sitios, no piensa más que en Él. Hijos míos, frente a esta fidelidad, Dios no se resiste: para que tú y yo saquemos consecuencias; para que aprendamos a amar y a esperar de verdad»[20]. Jesús le dice: «**¡María!**»

---

[20] San Josemaría, *Meditación 22-VII-1964*, p. 36.

(*Ibidem*, 16). María se estremece. Nadie puede pronunciar así su nombre a través de la muerte, salvo Jesús. Ese nombre dicho con amor la sacudió como un rayo de gozo de la cabeza a los pies. Lo mismo ocurre con la vocación. Dios pronuncia mi nombre, y en ese nombre está mi destino. Jesús está vivo, te llama por tu nombre, es su voz, imposible no reconocerle... En cierta ocasión escuché a un gran amigo mío la siguiente anécdota: se encontraba en Valencia, un 18 de marzo, contemplando la ofrenda floral a la Virgen, cuando hizo su entrada en la plaza una de las comisiones falleras, completamente derrotada tras seis horas de espera. La banda iba con los instrumentos a la espalda, las falleras arrastrando los pies, la fallera mayor con el ramo de la ofrenda caído... De repente se oyó un grito: «¡Amparín!», y Amparín levantó el ramo, irguió la cabeza y sonrió, la banda empezó a tocar y con ánimo renovado entraron en la plaza de la Virgen, sonrientes, ante los aplausos de todos. Algo así debió ser este «¡María!». Infundió ánimo y esperanza, alegría y fuerza para vivir. ¡Cristo vive! Solo por eso, ya no hay infierno para mí. Como dice el *Cantar*:

Apenas habíalos pasado,
cuando encontré al amor de mi alma.
(Cant 3, 4a)

María, volviéndose, exclamó en hebreo, su lengua materna: «"**¡Rabbuní!**", **que significa: "¡Maestro!**"» (Jn 20, 16). Y se abalanzó, como la amada del *Cantar de los cantares*, a abrazar a Jesús: «**Lo aprehendí y no lo soltaré**» (Cant 3, 4b). Pero Jesús le dijo: «**Suéltame, que aún no he subido a mi Padre; pero vete a donde están mis hermanos y diles: "Subo a mi Padre y a vuestro Padre, a mi Dios y a vuestro Dios"**» (Jn 20, 17).

Nosotros querríamos no soltarte nunca, Señor, verte, tenerte siempre con nosotros, pero es imposible, ¡eres muy huidizo!

Hace tres años estuve por primera vez en Jerusalén. Tuve la fortuna de poder celebrar la Santa Misa dentro del Santo Sepulcro, sobre la losa donde estuvo Jesús, primero cadáver y luego resucitado. Concelebraba con otro sacerdote, y cinco acompañantes se apiñaban alrededor, por turnos. Fue un momento entrañable de cercanía con el Señor, me hubiera gustado prolongarlo eternamente, pero pasó. Cuando unos meses más tarde leí esta descripción de un sacerdote amigo, me sentí totalmente identificado con sus palabras:

Yo he estado con Jesús de Nazareth resucitado en el sepulcro de José de Arimatea. Lo mismo que le sucedió a la Magdalena, me ha sucedido a mí. Él estaba allí, vivo por los siglos, frente a mí, dentro de mí. Yo también quise asirle, pero se me escapó como un amante escurridizo. «No me toques, que todavía no he subido a mi Padre». Le tuve en mis manos, pero no toqué las suyas; se situó a centímetros de mis ojos, pero no vi los suyos; resonó su palabra como nunca, pero no escuché el tono de su voz. Se me escapó; se me escapó una vez más como se me escapa cada mañana en el altar. Los sentidos y el corazón quedaron más heridos que nunca, y aún no he sido sanado de esa llaga que me devora cada vez que celebro la Santa Misa. Pero el alma, aquella mañana, quedó llena de luz. La intimidad que inundó mi espíritu en aquellos momentos de intimidad perdura en mi interior, y pido a Dios que no me abandone hasta que se vea desbordada por la gloria del cielo[21].

[21] REY BALLESTEROS, J.F., *La Resurrección del Señor*, pp. 124-125.

Quizás tú has sentido lo mismo en algunos momentos de tu oración. Después de notar una intensísima presencia de Dios, todo pasa, y te quedas como vacío, lleno de nostalgia. O quizás hace tiempo que los sentimientos de dulzura, confianza y consuelo que experimentabas en tus oraciones, te han abandonado. No te preocupes, Jesús es así. Persevera. Y piensa que, sin darte cuenta, el Señor te va cambiando el corazón.

«Fue María Magdalena y anunció a los discípulos: "¡He visto al Señor!, y me ha dicho estas cosas"» (*Ibidem*, 18). Ahora sí. Después de ver a Jesús y hablar con Él, ya puede partir del sepulcro. Como dice Martín Descalzo: «Y entonces Magdalena descubre que, definitivamente, su amor es ya un amor por encima de este mundo y, como concluye Bruckberger, "deja alejarse a su Amado, y en esa privación está el más hermoso homenaje de amor que una mujer haya hecho a un hombre"»[22].

Nos podemos imaginar la irrupción de María en el Cenáculo, jadeando tras la carrera, bañada en lágrimas de alegría, con su rostro resplandeciente y una luz en sus ojos que era imposible despreciar:

— «¡He visto al Señor!».
Los discípulos:
— ¿Qué? ¿Dónde?
Y ella:
— ¡En el sepulcro! De nuevo:
— ¿Estás segura?
Y otra vez:

_____
[22] MARTIN DESCALZO, J. L., *Vida y misterio de Jesús de Nazaret*, tomo III, p. 393.

— ¡Sí! ¡Es Él! ¡Lo he visto, al Maestro! ¡Resucitó!

Pedro:

— ¡Pero cálmate, mujer! ¡Explícate!

Y ella:

— ¡He visto al Señor! ¡Está vivo! ¡Ha resucitado!

No la sacaban de ahí. Es lógico. Como explica Cantalamessa: «El mensajero que llega jadeando del campo de batalla a la plaza de la ciudad no cuenta ordenadamente como se han desarrollado los acontecimientos, ni se entretiene en detalles, sino que va derecho al grano, proclamando enseguida, con pocas palabras, la noticia que más le urge y que todos esperan, dejando para más tarde el resto de explicaciones. Si se ha ganado una guerra, grita: ¡Victoria!, y si se ha logrado la paz, grita: ¡Paz!»[23]. María grita: «**¡He visto al Señor!**». ¿Qué importa todo lo demás?

De manera que a los apóstoles les llevó bastante tiempo conseguir que la Magdalena se calmara, les contara todo al detalle y les transmitiera el mensaje de Jesús. *De este modo, esta mujer se convirtió en apóstol de apóstoles. Siempre la alegría del encuentro contigo, Señor, nos convierte en apóstoles convincentes y creíbles.* Un filósofo ateo dijo que creería el día que los cristianos tuvieran cara de salvados. La alegría no se puede disimular, y siempre indica la presencia de un bien. El santo más amado por el pueblo ruso, Serafín de Sarov, después de pasar diez años en soledad y silencio absoluto, regresó al monasterio y cada vez que recibía una visita, iba a su encuentro y les decía,

---

[23] CANTALAMESSA, R., *La vida en Cristo*, p. 13.

lleno de júbilo: «Tesoro mío, ¡Cristo ha resucitado!»[24].
Resurrección. Esta es la palabra que lo cambia todo,
que llena el alma de fe y esperanza, la boca de risas,
los ojos de lágrimas de alegría, y el cuerpo de ganas de
bailar. ¡Cristo ha resucitado! La muerte no pudo con Él.
Igual que la Cruz fue una catástrofe, un paso repentino
del bien al mal, podemos decir que la Resurrección fue
una anástrofe[25]: un paso repentino del mal al bien.

María Magdalena es un ejemplo que da paz: pecadora,
conversa, apasionada, agradecida. Es una loca de amor.
Al amanecer. Corre. Vuelve. Llora. Se ofrece. Se abraza.
Para amar al Señor necesitamos un poco de esa locura.
Arriesgar. Vamos a pedírselo a Nuestra Madre, otra loca
de amor por su Hijo.

Dos ciegos caminantes del alba

Después de que las mujeres fueran al sepulcro en
aquella madrugada llena de sorpresas, y volvieran
anunciando a los Once que la tumba de Jesús estaba
vacía y no sé qué de unos ángeles, después de que
Pedro y Juan fueran corriendo y encontraran el
sepulcro tal y como las mujeres decían, pero antes
de que María Magdalena regresara con sus manos
llenas de luz tras el abrazo al Resucitado, y soltara
su anuncio explosivo: «**¡He visto al Señor!, y me ha**

---

[24] Tomo la anécdota de: CANTALAMESSA, R., *La vida en Cristo*, p. 106.

[25] La palabra "catástrofe" deriva del griego καταστροφή (katastrophe = ruina, destrucción) y está formada de las raíces κατὰ (kata = hacia abajo) y στροφή (strophe = voltear), o sea "voltear hacia abajo", o cambiar las cosas para lo peor. Si sustituimos el prefijo kata por ἀνα (ana= hacia arriba), tendríamos una palabra, "anástrofe", que significaría: "voltear hacia arriba", o cambiar repentinamente las cosas para mejor.

dicho estas cosas» (Jn 20, 18), Cleofás y su amigo abandonaron:

«Ese mismo día, dos de ellos se dirigían a una aldea llamada Emaús, que distaba de Jerusalén sesenta estadios. Iban conversando entre sí de todo lo que había acontecido» (Lc 24, 13-14)... ¡La impaciencia! No resistimos el mal. Nos desesperamos y tiramos la toalla. Nos falta fortaleza para resistir el mal sin dejar de hacer el bien.

¿Qué había ocurrido? Aquellos dos discípulos llevaban tres años siguiendo a Jesús de Nazaret. Fascinados por su poder, sus palabras y toda su persona, su vida había experimentado «un vuelco que imaginaron irreversible»[26]. Una locura divina les había poseído. Junto a Él pasaron hambre, sed, sueño, pero nada de eso importaba, porque tenían a Jesús, el Hijo de Dios, el Mesías, portador de una promesa heredada de padres a hijos a lo largo de miles de años. Habían expulsado demonios en su nombre, predicado su palabra, gozado de su compañía. Apenas hacía una semana le acompañaron en su entrada triunfal en Jerusalén, donde fue aclamado por las multitudes como el Mesías. Llenos de gozo, imaginaron cercano el cumplimiento de todas las promesas mesiánicas. Pero con el entusiasmo no se dieron cuenta de que el rostro de Jesús no era el de un Mesías triunfante, sino el de un cordero a punto de ser sacrificado... Y de repente, todo se vino abajo.

Cuando les sacaron de la cama para decirles que habían arrestado al Maestro no los creyeron... Le vieron pasar,

---

[26] REY BALLESTEROS, J. F., *La Resurrección del Señor*, p. 159. Tomo muchas ideas para este apartado de las pp. 152-266 de ese magnífico libro.

conducido por los guardias..., pero nadie se atrevió a hablar... Él también callaba. No oponía resistencia alguna; antes bien, se dejaba guiar. Miraba a uno y otro lado... Los ojos ansiosos e interrogantes de aquellos hombres se topaban con los ojos serenos, amantes y misericordiosos del Maestro... Allí, sin salir de aquella casa, conocieron la traición de Judas, el proceso ante Caifás y la vergüenza sufrida en el pretorio de Pilato. Allí conocieron la flagelación, la coronación de espinas y la posterior crucifixión de Jesús... Un profundo sueño había caído, junto con la noche, sobre las conciencias y las almas de aquellos dos que se decían «amigos de Jesús». El sábado amaneció tranquilo; más bien se diría que amaneció muerto... Salieron, por fin de casa, y se dirigieron al Cenáculo, en busca de la compañía de los Once. Pero al llegar les vieron tan abatidos como ellos... Y así fue como aquellos dos ciegos caminantes del alba, sumidos en la oscuridad más espesa, decidieron regresar[27].

Me imagino que lo más duro fue despedirse de María —¿cómo irse sin hacerlo?—, que les miró con sus ojos grandes, extrañamente alegres, como si supiera algún secreto extraordinario... Les agarró las manos como invitándoles a quedarse —¡esta mujer tan discreta!— mientras les sonreía, más Madre que nunca, pero ellos balbucearon: «Nos esperan en casa, María»... «Sí, sí, lo comprendo, id en paz». Y salieron precipitadamente, mientras una oración subía al Cielo desde el corazón de la Madre por esos dos hijos recibidos al pie de la Cruz (cfr. Jn 19, 26): y esa oración les salvó, porque Jesús no se resiste a una petición de su Madre, y ahora que

---

[27] Rey Ballesteros, J. F., *La Resurrección del Señor*, pp. 160-162.

tiene un Cuerpo glorioso, puede hacerse presente en cualquier sitio, así que allá que fue a rescatar a estos dos desertores.

«Y mientras comentaban y discutían, el propio Jesús se acercó y se puso a caminar con ellos, aunque sus ojos eran incapaces de reconocerlo» (Lc 24, 15-16). Lo que sucedió entonces nos lo narra así un sacerdote poeta:

Jesús pero qué enamorado
ha salido a los caminos en busca de apariciones
disfrazado de forastero que se marcha de Jerusalén
anda de incógnito como un rey que entre sus propios súbditos
pretende averiguar la situación de su monarquía
la situación es mala
Jesús tira de la lengua a dos discípulos de Emaús
los caminantes van tristes van hundidos en el agnosticismo
y se sorprenden de la ignorancia del forastero
pero hombre es que no supiste lo de Jesús
qué Jesús pregunta Jesús y se hace contar su mismísima
    historia
desde el punto de vista del agnosticismo sí Jesús ese
    sueño tan hermoso que se
nos murió en la cruz
el sueño que con ellos camina quiere ir de a poco
ya se sabe lo peligroso que es despertar de súbito a un ser
    humano
primero un tirón de orejas hombres tardíos de corazón
después las Escrituras estaba escrito es que no leéis
las cartas que os envía el Espíritu Santo
y por último el itinerario de la salvación
al paraíso se entra por una cruz como estaba escrito en
han llegado a Emaús y quédate pues
a comer con nosotros quédate a alojar aquí

eso sí que a la suerte de la olla
total es ya de noche en los caminos
vemos que eres profeta pero no abuses de tus grandes ojos
Jesús pero qué actor hace como que sigue hacia no sé dónde
y después de hacerse de rogar acepta la hospitalidad
se sientan pues a la mesa y cuando Jesús bendice cuando
    parte
eres tú eres Jesucristo resucitado eres oh
tu gesto te identificaría entre mil millones
nadie en el mundo puede partir un pan
como lo haces tú y
de súbito Jesús desaparece
sólo pueden adorar la luz que al irse dejó como un látigo
    de Dios en el aire oscuro qué profeta ni qué ocho
    cuartos si tenía que ser él mismo
acaso no nos ardía el corazón dentro de nosotros
les ardía sí el corazón cuando llega la dueña de casa
en qué quedamos son dos o tres para la comida
pero cómo y también ustedes desaparecen
sí señora una noticia urgente que comunicar
ha ocurrido lo más importante de la historia universal
aunque usted no se dé cuenta ya estamos en otro mundo
nos vamos a Jerusalén gracias adiós[28].

La senda que une Jerusalén con Emaús es inmensamente larga; tan anciana y longeva como la humanidad misma. El camino de Emaús arranca en aquel jardín sagrado de Adán y Eva, donde el pecado cegó los ojos a nuestros primeros padres para ver a Dios, y los hizo abandonar el Edén. Desde entonces la humanidad caminó con el corazón encogido, temeroso, sin fuerzas para perseverar en el bien y vencer el mal.

---

[28] Ibáñez-Langlois, J. M., *Libro de la Pasión*, cap. IX, 11. Mantengo el original sin signos de puntuación.

Pero las huellas de maldición y muerte dejadas sobre la arena en aquel paraíso, serán ahora borradas por los pies de Cristo, Verbo encarnado, que, caminante entre nosotros, nos muestra el camino de regreso a casa, precisa e indeleblemente dibujado y marcado en los Evangelios. Ese mismo Cristo, ahora Resucitado, acude a buscarnos en nuestros extravíos y desánimos, con la fuerza —¡la gracia!— que mana de su costado abierto, los sacramentos y, muy especialmente, la Eucaristía, preparada por la Sagrada Escritura: «**Y, comenzando por Moisés y todos los Profetas, les interpretó en todas las Escrituras lo que se refería a él**» (*Ibidem*, 27). «**Y cuando estaban juntos a la mesa, tomó el pan, lo bendijo, lo partió y se lo dio. Entonces se les abrieron los ojos y le reconocieron, pero él desapareció de su presencia. Y se dijeron uno a otro: "¿No es verdad que ardía nuestro corazón (...)?". Y al instante se levantaron y regresaron a Jerusalén**» (*Ibidem*, 30-33). Aquellos que estaban de vuelta de todo, aquellos que no habían sabido ser fuertes y resistir con paciencia las horas amargas, ahora recobran sus fuerzas y parten corriendo, a pesar de la obscuridad de la noche, a anunciar la Buena Nueva.

Jesús, Tú amas tanto al hombre, esa criatura tuya, que has salido al encuentro de la humanidad con tu Encarnación, con tu Vida, con tu Pasión, Muerte y Resurrección. Tu amor por mí es tan grande, que sales a mi encuentro cada vez que me harto, cada vez que abandono la lucha, cada vez que te doy la espalda. Te acercas a mí sin que te reconozca, en situaciones o personas que parecen ordinarias, pero que son divinas, porque encierran tu gracia. Tú jamás abandonas a uno de los tuyos. No te importa salir a los caminos a buscarlos. No sé si has oído esta parábola, variación de una anónima que circula por la red: «Una noche un hombre soñó que caminaba por la orilla de la playa, siguiendo unas huellas en la arena. Entendía que esas huellas eran el discurrir de su vida. De repente aparecieron otras huellas junto a las suyas, y sintió la presencia de Jesucristo caminando a su lado. Pero más adelante, aquellas otras huellas desaparecían. Se entristeció, porque entendió que aquel era el punto de su vida en que abandonó a Dios, justo en los años de la universidad. Y preguntó, lleno de dolor, a Jesús: "¿Es eso, verdad? Aquí es cuando te eché de mi vida". Pero Jesús le respondió: "No, aquí fue cuando yo te cargué en mis hombros: las huellas que se ven son las mías"». Gracias, Señor, por ser tan bueno.

*Me gustaría contemplar algo más en esta escena, Señor. Durante su conversación contigo, Cleofás y su compañero te dicen: «**Bien es verdad que algunas mujeres de las que están con nosotros nos han sobresaltado, porque fueron al sepulcro de madrugada y, como no encontraron su cuerpo, vinieron diciendo que habían tenido una visión de ángeles, que les dijeron que está vivo. Después fueron algunos de los nuestros al sepulcro y lo hallaron como dijeron las mujeres, pero a él no le vieron**» (Ibidem 22-24). O sea, que tuvieron indicios de que algo pasaba y, a pesar de todo, se marcharon. ¿Por qué, Señor? Creo que porque temían llevarse un nuevo chasco.* Habían dejado solo al Señor, que había sido crucificado por la maldad humana ante su pasividad. La decepción había sido tan fuerte, su cobardía tan patente, que estaban desencantados, sin esperanza, sin ilusión en la posibilidad de volver a empezar. Su sueño —«Jesús, ese sueño tan hermoso que se nos murió en la cruz», leíamos— se había roto y ya no estaban para milagros. Por eso, cuando un acontecimiento inesperado —las noticias del sepulcro— tiene lugar, les descoloca. Les da miedo enfrentarse a lo desconocido y volver a sufrir, no quieren oír ni mirar, y deciden marcharse, abandonar. Imposible sacar de esta historia nada bueno, mejor huir y tratar de olvidarlo para siempre.

Cuando muere la esperanza, no hay fuerzas para enfrentarse a la vida. Esperanza y fortaleza van unidas. Y necesitamos fortaleza para seguir a Jesús. Una fortaleza que tiene como núcleo la paciencia: resistir el mal mientras se persevera en el bien sin perder el ánimo. Por eso el papa Francisco repite con tanta frecuencia: «¡No nos dejemos robar la esperanza!»[29]. *Ahora, Señor, ya entendemos mejor esta escena. Fuiste a buscar a estos dos caminantes del alba, pero no de una manera directa, sino indirecta, como tantas veces haces. Querías fortalecer sus almas y, para ello encendiste, con tu conversación, la llamita de la esperanza en sus corazones:* **«¿No es verdad que ardía nuestro corazón dentro de nosotros mientras nos hablaba por el camino y nos explicaba las Escrituras?»** *(Ibidem, 32). Y entonces, recuperan sus fuerzas:* **«Al instante regresaron a Jerusalén»** *(Ibidem 33), encuentran a los discípulos,* **«y ellos se pusieron a contar lo que había pasado en el camino»** *(Ibidem 35). También yo, Señor, necesito la oración, la conversación contigo, para mantener viva la llama de la esperanza y vivir con coraje.*

Una esperanza que mantiene siempre joven el corazón, por muchos años que se tengan. Así lo expresaba José Fernando Rey Ballesteros:

---

[29] FRANCISCO, *Exhortación apostólica "Evangelii gaudium"*, n. 86.

El camino de Emaús pasa por delante de mi casa, y a lo largo de él desfilan cadáveres ambulantes, ilusiones defenestradas (...). Por él veo pasar a hombres y mujeres cuyo matrimonio lleva roto desde hace muchos años, los mismos que han pasado desde que dejaron de luchar. (...) Otros han perdido la fe que tuvieron de jóvenes, y desde entonces se han conformado con una triste piedad de mínimos, o se han apartado totalmente de Dios. (...) Todos esos caminantes tienen algo en común: no creen en los milagros, o, al menos, no creen que pueda sucederles a ellos. (...) Es la vejez del alma, y se halla más cerca de la muerte que de la vida. Conozco a verdaderos ancianos, hombres enamorados a quienes Dios ha concedido largos años de vida en esta tierra, y veo centellear sus ojos cuando se abre ante ellos un horizonte divino. Son hombres acostumbrados al milagro, porque han convivido con él durante mucho tiempo, a quienes el largo camino les ha enseñado a desconfiar de las criaturas y de sí mismos y a confiar plenamente en Dios[30].

Ojalá yo sea uno de estos, Señor, una persona de corazón joven, cualquiera que sea mi edad, porque llevo dentro de mí esa llama: la esperanza, la confianza en que Tú lo puedes todo, incluso sacar bien del mal. Por tanto, si encuentro dificultades, lo que a mí me toca es resistir, aguantar con paciencia, perseverar y dar lo mejor de mí, fiado en Ti.

Ventanales de luz, credenciales de su Amor

Ha transcurrido aquel día, el primer domingo de la historia, repleto de emociones. El Resucitado ha estado muy activo: ha ido a abrazar a su Madre bendita en

---

[30] Rey Ballesteros, J.F., *La Resurrección del Señor*, pp. 165-166.

primer lugar; se ha aparecido a María Magdalena y las mujeres (cfr. Mt 28, 9 y Jn 20, 14); ha ido a buscar a los discípulos de Emaús, cuando ya abandonaban (cfr. Lc 24, 15); y se apareció a Simón, su primer papa (cfr. Lc 24, 34). Sin embargo, Marcos repite insistentemente que los apóstoles no creyeron a María Magdalena (cfr. Mc 16, 11), y tampoco a Cleofás y su compañero (cfr. *Ibidem*, 13). De hecho, Pedro y los demás no parten a Galilea, como les había indicado por medio de las mujeres (cfr. Mt 28, 10 y Lc 24, 9). Aquellos hombres son tan reacios a creer, tan recalcitrantemente incrédulos, que a Jesús no le queda más remedio que ir también a encender en ellos la luz de la fe. Y será en esta aparición cuando percibamos el colmo de su amor por nosotros.

«Al atardecer de aquel día, el siguiente al sábado, con las puertas del lugar donde se habían reunido los discípulos cerradas por miedo a los judíos, vino Jesús, se presentó en medio de ellos y les dijo: "La paz esté con vosotros"» (Jn 20, 19). Los discípulos están encerrados, aterrorizados y desconcertados. Todos ellos tienen en su conciencia, salvo quizás Juan, el peso de no haber sido capaces de portarse con valentía y lealtad a Jesús. El trágico final de Judas les ha impactado. La ausencia de quien había sido la luz de sus ojos durante los últimos tres años es insoportable, y las tinieblas invaden su alma. *¡Y de repente apareces Tú en medio de ellos! ¡Qué impresión! ¡Qué alegría! ¡Qué vergüenza! Lucas dice que* **«se llenaron de espanto y de miedo, pensando que veían un espíritu»** (Lc 24, 37). *Pero tus primeras palabras están llenas de amor:* **«La paz esté con vosotros»**, *«no tengáis miedo, vengo en son de paz. Sí, sé que me habéis traicionado, pero todo eso ya pasó y os perdono. La paz con vosotros».*

Y para recalcar esta idea, con un gesto lleno de amor, «**les mostró las manos y el costado**» (*Ibidem*, 20). *Es decir, les enseñaste tus llagas, Señor, que son como las credenciales de tu Amor por nosotros. Como si dijeras: «Mirad cuánto os amo, mirad lo que hice por vosotros, mirad con cuánto orgullo llevo estas heridas en mi Cuerpo glorioso para toda la eternidad». Señor, este gesto tuyo siempre me ha recordado a una anécdota de cuando era adolescente, y perdóname la comparación... En mi grupo de amigos, era frecuente que, cuando a alguno le gustaba una chica, con un cigarro se quemara en el antebrazo la inicial de su nombre, que luego mostraba con orgullo a la interesada. La reacción solía ser una mezcla de espanto y complacencia, y creo que el segundo sentimiento prevalecía. «¿Pero cómo has hecho esto? ¡Eres un bruto!», decían las chicas, y procuraban curar la herida con ternura. Era una manera rudimentaria e inmadura, pero efectiva, de mostrar el amor. Pues me gusta pensar, Señor, que Tú muestras esas heridas como prueba de tu Amor, pero con dos diferencias: primero, son mucho más terribles que las quemaduras; segundo, te las hemos hecho nosotros a Ti, con nuestros pecados... ¡Cómo no corresponder a un amor así! Esas heridas, radiantes de luz, te acompañan para toda la eternidad. Has entrado en el cielo con ellas, y proclaman para siempre tu Amor a la Voluntad del Padre y tu Amor a nosotros. Son ventanales de luz, por los que se derrama tu comprensión, tu perdón, tu Amor, tu deseo de unión con nosotros.*

Y por eso, dice Juan que «**al ver al Señor, los discípulos se alegraron**» (*Ibidem*, 20). *Porque en tus llagas, Señor, vemos la prueba de cuánto nos amas. Eres un Dios que causas más ternura y*

agradecimiento que miedo. Nosotros, pecadores,
siempre encontraremos cobijo en ellas. Esas llagas me
hablan de tu Misericordia, porque te las hice yo con mis
pecados, como dice tan bellamente el profeta Zacarías:
«Y si alguien le dice: "¿Y esas heridas que hay entre
tus manos?", responderá: "Las he recibido en casa
de mis amigos"» *(Zac 13, 6). Yo siempre necesitaré de*
tu misericordia, Señor, y siempre la podré encontrar en
Ti: me bastará mirar tus llagas, por toda la eternidad.
Unas llagas que no son sanguinolentas y repugnantes,
sino que se asemejan a rubíes que refulgen como
brasas portadoras de luz gloriosa.

Las llagas de Cristo resucitado ¡han conmovido
tanto a los Santos...! A sor Faustina Kowalska, esta
monja humilde y escondida, pero con una intimidad
fabulosa con Dios, que se convertiría en la apóstol de la
devoción a la Divina Misericordia. Fue san Juan Pablo
II quien, siendo arzobispo de Cracovia, descubrió los
escritos inéditos de sor Faustina, los publicó e inició
su causa de canonización, que culminaría él mismo
en Roma siendo papa. También sería san Juan Pablo
II quien instituyera la fiesta de la Divina Misericordia
el segundo Domingo de Pascua, en cuya Misa se lee
precisamente el Evangelio que estamos meditando.
Y ha conmovido a tantos otros santos, como a san
Josemaría: En el oratorio que usaba en Roma hay
varios relieves de mármol. El que más le gustaba era
el de la Resurrección. Tiene su historia. El artista
olvidó esculpir las llagas en las manos y en el costado
de Cristo. Y san Josemaría le pidió que las pusiera,
«porque son nuestro refugio y las credenciales, la
demostración de lo mucho que nos ha amado y nos
ama el Señor. Cuando Jesús resucitó, podía haber
hecho que desaparecieran las llagas, pero quiso

conservarlas para que viésemos que sufrió la Pasión voluntariamente y para que cada uno de nosotros pudiera comprobar su amor»[31].

El Señor muestra sus llagas con orgullo. Son medallas. Son un don para el mundo. Porque, como dice Mateo, citando al profeta Isaías, «**Él tomó nuestras flaquezas y cargó con nuestras enfermedades**» (Is 53, 4, cfr. Mt 8, 17). *En tus llagas, Jesús, están nuestras llagas. Todas: las recibidas en la infancia por pecados ajenos, por la educación recibida (o no recibida), o por la falta de amor; las que nos hemos causado nosotros mismos con nuestros propios pecados, y que nos han llevado a sentimientos de culpa, fracaso, frialdad o distancia con Dios y las personas con quienes convivimos; las que son consecuencia de los pecados del mundo: enfermedades, sufrimiento, muerte. Te has llevado al cielo todas esas heridas nuestras en tus llagas, y nos las devuelves, gloriosas, llenas de luz y de eternidad.* «Este es el Jesús que ahora muestra, con júbilo de eternidad, sus llagas a los apóstoles: nos está devolviendo nuestros sufrimientos, preñados ahora de vida eterna (...). Cuando nos damos cuenta de que nuestros padecimientos han sido llevados al cielo y prendidos como insignias triunfantes en el cuerpo glorioso de Cristo, esas heridas se llenan de misericordia. Hemos sido besados por Cristo en lo más hondo de nuestras llagas, y ahora esas llagas (...) son para nosotros retales de Cielo, jirones del Cuerpo glorioso de Cristo»[32].

---

[31] Citado por Mons. Javier Echevarría en una tertulia en Holanda, el 16 de agosto de 2012.

[32] Rey Ballesteros, J. F., *La Resurrección del Señor*, pp. 300-301.

En esto consiste precisamente el haber sido redimidos: en que el sufrimiento y la muerte, en Cristo, han cambiado de signo, han dejado de ser un mal para ser un bien. Nuestra experiencia del dolor se ha transformado. A partir de ese momento, somos altares, donde ofrecemos nuestras heridas y sufrimientos, incorporados a las llagas de Cristo, como una Sagrada Hostia, por los pecados de todos los hombres. San Josemaría decía que cada uno es sacerdote de su propia existencia[33], que ofrece su día como en un altar. Así lo explicaba en 1972 a una joven hija suya italiana, Sofía Vavaro, enferma de cáncer, a quien había ido a ver: «Sofía, ¿querrás unirte a las intenciones de mi Misa?». «Pero, Padre, yo aquí en la cama, ya no puedo asistir a la Misa...». «Tú ahora eres ¡una Misa constante!, hija mía...»[34]. Y esto, nos puede llenar de alegría, como a san Pablo: «**Ahora me alegro de mis padecimientos, y completo en mi carne lo que falta a las tribulaciones de Cristo, a favor de su cuerpo que es la Iglesia**» (Col 1, 24).

El relato de Juan continúa diciendo que el Señor les repitió: «**La paz esté con vosotros. Como el Padre me envió así os envío yo**» (Jn 20, 21). Y dicho esto, sopló sobre ellos y les dijo: «**Recibid el Espíritu Santo; a quienes les perdonéis los pecados, les son perdonados; a quienes se los retengáis, le son retenidos**» (*Ibidem*, 22-23). *Precisamente en este momento de paz, de alegría por el reencuentro, de perdón por las traiciones y de contemplación de tus llagas, Señor, instituyes el sacramento de la Reconciliación, como para darnos a entender que todo*

---

[33] San Josemaría, *Es Cristo que pasa*, n. 96.

[34] Urbano, P., *El hombre de Villa Tevere*, p. 263.

en este sacramento tiene que ver con tu Misericordia.
Cada confesión es un abrazo, como el del hijo pródigo,
al Padre Misericordioso (cfr. Lc 15, 11-32). En cada
confesión, Tú, Jesús, nos muestras tus llagas y nos
dices: «Paz a vosotros». Y, como los apóstoles, nos
llenamos de alegría.

Oír, dudar, palpar, creer

Juan nos aclara que «**Tomás, uno de los Doce, llamado el Mellizo, no estaba con ellos cuando vino Jesús**» (Jn 20, 24). El bueno de Tomás... ¡qué agradecidos hemos de estarle! San Juan recoge dos datos de su carácter. Era decidido y valiente: cuando Jesús sube a Jerusalén, y los demás van con miedo, él los anima: «**Vayamos también nosotros y muramos con él**» (Jn 11, 16). Y no se andaba con rodeos, expresa lo que todos piensan: cuando Jesús habla del camino para estar con Él, le dice: «**Señor, no sabemos a dónde vas, ¿cómo podemos saber el camino?**» (Jn 14, 5). Este modo de ser apasionado le llevó a sentir como ninguno la muerte de Jesús y su propio abandono. Ensimismado, hundido, contemplaba cómo los demás hablaban de lo que habían dicho las mujeres, del sepulcro vacío y el cuerpo desaparecido. Pero él no creía, no se engañaba, no podía más. Y se fue. No tenía miedo, casi preferiría que le prendiesen y acabaran con él. ¡Tan vacío se encontraba sin Jesús!

Esa noche, o un par de días después —¡quién sabe!, pero podemos imaginarlo así—, Pedro fue a verle, más bien a buscarle. Le contó la aparición del Maestro Resucitado, pero Tomás no podía aceptarlo. Ya había sido engañado demasiadas veces. ¿Por qué ilusionarse otra vez y arriesgarse a un nuevo chasco? Pero al menos accedió a volver con Pedro al Cenáculo, quizás al decirle que María, la Madre de Jesús, estaba con ellos y había preguntado por él. Cuando llegó los demás discípulos estaban entusiasmados. «**¡Hemos visto al Señor!**» (Jn 20, 25), le decían. En el fondo Tomás desearía que fuera verdad. Pero se obstinaba en no creer, mejor pedir pruebas empíricas: «**Si no veo en las manos la marca de los clavos, y si no meto mi dedo en esa marca de los clavos y no meto mi mano en el costado, no creeré**» (*Ibidem*, 25). Hay mucho orgullo y mucha rabia en esta respuesta desafiante.

Pero Tú, Señor, no abandonas a nadie. Tampoco a mí... Sales al encuentro de todos. Lo hiciste con los discípulos de Emaús, y lo haces ahora con Tomás. Vienes en su busca. ¡Perder a otro apóstol sería insoportable a tu Corazón! Ya perdiste a uno, y te lo rompió... «**A los ocho días, estaban otra vez dentro sus discípulos y Tomás con ellos. Aunque estaban las puertas cerradas, vino Jesús, se presentó en medio y dijo: "La paz esté con vosotros". Después le dijo a Tomás: "Trae aquí tu dedo y mira mis manos, y trae tu mano y métela en mi costado, y no seas incrédulo sino creyente"**» (*Ibidem*, 26-27). Nos podemos imaginar la confusión de Tomás. «¡Tierra, trágame!», pensaría. Pero animado por la sonrisa del Maestro se adelantó y tocó con ternura las llagas de sus manos, y luego metió delicadamente su mano en su costado abierto por amor. En el Evangelio no se nos dice expresamente que Tomás «**tocara**», pero siempre se ha representado así[35], y está implícito en la narración.

---

[35] Ver, por ejemplo: "La incredulidad de Tomás", pintado por Caravaggio en 1602, y que se conserva en Postdam. O la misma escena pintada por

San Gregorio Magno dice que no fue por casualidad la ausencia de Tomás, sino que ocurrió para que al volver oyese relatar la aparición, y que al oír dudase, dudando palpase, palpando creyese y, así, se convirtiera en testigo de la verdadera resurrección y sanara en nosotros las heridas de la incredulidad[36].

Me imagino la confusión de Tomás, Señor, al palpar tus llagas. ¿Qué sentiría? ¿Cómo te miraría? Su humildad y la gracia que despedían tus llagas gloriosas arrancó de él un acto de fe único, pues por primera vez en el Evangelio alguien confesaba abiertamente tu divinidad: «¡Señor mío y Dios mío!» (Ibidem, 28). Como dice san Agustín, Tomás «veía y tocaba al hombre, pero confesaba su fe en Dios, a quien ni veía ni tocaba»[37]. Por eso, puede decir Evely: «De aquel pobre Tomás Jesús ha sacado el acto de fe más hermoso que conocemos. (...) Dios es el único que sabe hacer de nuestras faltas, unas faltas benditas, unas faltas que no nos recordarán más que la maravillosa ternura que se ha revelado con ocasión de las mismas»[38].

El broche, Señor, lo pones tú: **«Porque me has visto has creído; bienaventurados los que sin haber visto hayan creído»** (Ibidem, 29). Oír, ver, tocar, creer: esos fueron los pasos de Tomás. Pero lo bueno es saltarse los dos pasos de en medio. ¡Creer por ver o tocar es menos que creer simplemente por oír! ¡Y eso hacemos nosotros, esa es nuestra fe! Nosotros no vemos al

---

Matthias Stom algunos años después, que se conserva en el Museo del Prado (Madrid).

[36] Cfr. San Gregorio Magno, *In Ev. Homiliae*, 26, 7-9.

[37] San Agustín, *Comentarios al Evangelio de San Juan*, 121, 5.

[38] Citado en: Martín Descalzo, J. L., *Vida y misterio de Jesús de Nazaret III*, p. 403.

Señor, no tocamos sus llagas, pero oímos a quienes lo hicieron, y por su testimonio y el testimonio que el Espíritu Santo da en nuestros corazones, creemos. De algún modo somos como esos trapecistas de circo que, en uno de sus números, ponen un aro de papel, y uno de ellos se suelta y lo atraviesa en el aire, sin ver, fiado de que al otro lado le estarán esperando unos brazos. *Pienso ahora en tu presencia real en la Eucaristía, bajo las especies de pan y vino, y lo que escribió santo Tomás de Aquino:*

> Al juzgar de Ti se equivocan la vista, el tacto, el gusto,
> pero basta con el oído para creer con firmeza;
> creo todo lo que ha dicho el hijo de Dios;
> nada es más verdadero que esta palabra de verdad.
> En la cruz se escondía solo la divinidad,
> pero aquí también se esconde la humanidad;
> creo y confieso ambas cosas...
> (Himno «Adoro te devote»)

Gracias, Señor, por esa fe que has puesto en mi corazón. No permitas que se apague nunca —también yo voy a cuidarla—, y haz que crezca de día en día... ¡Y cómo me gusta oírte llamarme bienaventurado, Jesús!

Porque también yo puedo ser Tomás, si mi fe vacila: estas palabras se han escrito para mí. También yo, Señor, he recibido lo necesario para creer, que me llega a través de la Iglesia (Pedro, los obispos, la tradición de los que nos han precedido). He recibido una llamada a la santidad. Te tengo en el sagrario con tus manos llagadas. Sé que puedo acudir a la confesión y recibir el perdón que brota de tu costado abierto. Sé que tu doctrina es verdad y vida, que tus mandatos son camino de felicidad. Y, sin embargo, no me fío: quiero ver y tocar, no me basta oír. Y mi falta de fe vuelve a alzarse, orgullosa, retando: «Si no meto mi dedo en esa marca de los clavos y no meto mi mano en el costado, no creeré»... y Tú, Jesús, tan manso y humilde, tantas veces me dices con ojos misericordiosos: «Trae aquí tu dedo y mira mis manos, y trae tu mano y métela en mi costado», y te dejas reabrir tus heridas con mi falta de fe, con esa soberbia mía que busca tocar todo con los dedos de la razón incrédula... ¡Perdóname, Jesús! Porque en el fondo sé que pretender esa falsa autonomía absoluta es ilusorio, porque necesitamos de los demás para todo, también para creer, necesitamos fiarnos de la tradición de la Iglesia. Jesús, voy a cuidar mi fe. ¡Ya está bien! Voy a fiarme de lo que oigo al papa, a la Iglesia y a quien has puesto a mi lado para sostener mi fe.

Cuando Jesús dijo esas palabras: «**Bienaventurados los que sin haber visto hayan creído**», es seguro que estaba pensando en su Madre, la Virgen María. Ella supo atesorar la fe de todo el mundo en su corazón durante esas horas previas a la Resurrección. *Madre, haznos hombres y mujeres de fe, fe viva, operativa.*

No man left behind
(«Ni un hombre se deja atrás»)

Hay todavía una cosa de estos primeros días tras la Resurrección en la que querría fijarme, porque creo que es una enseñanza muy importante, que no aparece a primera vista. Vimos cómo el domingo de Resurrección dos ángeles se aparecieron a las mujeres y, después de mostrarles el sepulcro vacío, les ordenaron ir a los apóstoles y decirles que fueran a Galilea, que allí verían al Señor (cfr. Mt 28, 7 y Mc 16, 7). Ellas fueron corriendo a dar la noticia, pero, en el camino, el mismo Jesús se les aparece y les insiste en lo mismo: «**Id a anunciar a mis hermanos que vayan a Galilea, allí me verán**» (*Ibidem*, 10). Está fuera de toda duda que ellas cumplirían ese mandato.

Da la impresión, Señor, que tus planes no eran ir a visitar a los apóstoles en el Cenáculo, sino verlos en Galilea. Sin embargo, ante su incredulidad (cfr. Mc 16, 11 y 13), vas a rescatarlos de su desesperanzada pasividad, te presentas al atardecer del domingo en medio de ellos, les muestras tus llagas y les tranquilizas (cfr. Lc 24, 38-40 y Jn 20, 19-21), comes con ellos (cfr. Lc 24, 43), les reprochas su incredulidad (cfr. Mc 16, 14) y les das algunas instrucciones (cfr. Mt 18, 19-20; Mc 16, 15 y Jn 22-23). Y ellos, después de esta visita, ya tranquilizados, y llenos de ganas de estar de nuevo con el Resucitado, ¿qué hacen con aquella indicación del Señor de ir a Galilea para verle?... Nada. No se van a Galilea, sino que permanecen en Jerusalén[39]. ¿Por qué? Pues porque Tomás no estaba con ellos. Les faltaba uno. Ya habían perdido a Judas y no estaban dispuestos a perder a otro apóstol. Toda esa semana la pasarán recuperando a Tomás, hasta que «**a los ocho días**» (Jn 20, 26), estando ya Tomás con ellos, el Señor se les aparece de nuevo, y recupera a Tomás para la causa. Y entonces sí, ya pueden partir hacia Galilea, y así los veremos (cfr. Jn 21, 1-2), con el equipo completo. *No man left behind* («ni un hombre se deja

---

[39] Es verdad que Lucas recoge otra indicación del Resucitado, como si fuera en la primera aparición, instándoles a quedarse en Jerusalén hasta la venida del Espíritu Santo (cfr. Lc 24, 49), pero Lucas debió incluir ahí algunas instrucciones recibidas después de haber estado en Galilea. Teniendo esto a la vista, Juan escribe todo el capítulo 21 de su Evangelio con las apariciones de Jesús en Galilea.

atrás»), como tienen a gala los marines y los *rangers* de los Estados Unidos.

Es un gesto bello. *Nosotros, Señor, tampoco podemos dejar a nadie atrás, no podemos razonar: «Bueno, ya es mayor para saber lo que hace».* Ni siquiera a quienes han roto la unidad voluntariamente: en una familia, en un grupo de amigos o de compañeros. Lo cristiano es tender la mano, sacar del fango, ir a buscar al que estaba perdido. Como hicieron con Tomás. *No man left behind*, ni un hombre se deja atrás, mucho menos en una familia. Si hay uno aislado en un cuarto, no lo dejamos muerto de asco. Si uno está enfermo, lo cuidamos. Si uno está un poco tonto, y por sus estupideces está metiéndose en un lío tras otro, vamos a buscarlo y le intentamos ayudar. Si un amigo se aleja cada vez más de Dios, no lo dejamos tirado, eso no es cristiano: rezamos por él, le escuchamos con paciencia, y mantenemos nuestra amistad. San Josemaría decía que por salvar un alma, iríamos hasta las puertas del infierno, más allá no, porque allí no se puede amar a Dios[40].

Juan nos cuenta que el Señor, tras la primera aparición, sopló sobre ellos y les dijo: «**Recibid el Espíritu Santo; a quienes les perdonéis los pecados, les quedan perdonados; a quienes se los retengáis, les quedan retenidos**» (Jn 20, 22-23). Y ese mismo Espíritu de Jesucristo fue el que los llevó a darse cuenta que debían recuperar a Tomás.

Esa lección fue muy bien aprendida por los primeros cristianos, de los que se hace este resumen conmovedor en los Hechos de los Apóstoles:

---

[40] Cfr. San Josemaría, *Carta 16-VII-1933*, n. 24.

«Los hermanos perseveraban (todos juntos) en la enseñanza de los apóstoles, en la comunión, en la fracción del pan y en las oraciones. (...) Los creyentes vivían todos unidos y tenían todo en común; vendían posesiones y bienes y los repartían entre todos, según la necesidad de cada uno. Con perseverancia acudían a diario al templo con un mismo espíritu, partían el pan en las casas y tomaban el alimento con alegría y sencillez de corazón» (Hch 2, 42-47). La palabra que más aparece es «todos»: «todos juntos», «todos unidos», «todo en común», «entre todos»... Y cuando Pedro y Juan, tras ser liberados por el Sanedrín, vuelven a los suyos y les cuentan cómo habían dicho a los sacerdotes y ancianos que es preciso obedecer a Dios antes que a los hombres (cfr. Hech 5, 20-21), dice Lucas —autor de los Hechos de los Apóstoles— que, «al oírlo, todos invocaron a una a Dios en voz alta (...). Al terminar la oración, tembló el lugar donde estaban reunidos; los llenó a todos el Espíritu Santo, y predicaban con valentía la palabra de Dios». (Hch 4, 23-31). De nuevo ese «todos», para rezar y para recibir el Espíritu Santo.

Señor, da un poco de envidia —y de vergüenza— ver la unidad de nuestros primeros hermanos en la fe. Nosotros ahora te pedimos que nos mandes el Espíritu Santo para que, igual que refrendó con su presencia la unidad de los primeros cristianos, infunda su Amor en nuestros corazones, y así, unidos como ellos, hechos una piña, rezando unos por otros, sensibles a los que sufren, no dejemos a nadie atrás: «No man left behind».

Tenemos un medio siempre a nuestro alcance para no abandonar nunca a nadie: la oración. Siempre es posible rezar por quienes se alejan. Siempre es un acto de caridad. El cardenal Van Thuan, en unos ejercicios al papa Juan Pablo II y la curia romana, contaba esta anécdota conmovedora:

> El primer cardenal de Vietnam, Joseph Marie Triuhu uhu Klue, arzobispo de Hanoi, ya que no le permitían visitas pastorales ni ir a las parroquias, durante veinte años subía a la terraza de su casa y rezaba allí el rosario por sus fieles. Diez años después de su muerte, vi en la terraza una huella de forma oval y me conmoví: era la huella de sus pasos, signos de la fe de un pastor anciano. He pensado en lo que escribía Juan XXIII a un obispo: «Ahora su función ha cambiado (con relación a la Iglesia): tiene que rezar por ella. Y eso no es menos importante que la acción»[41].

La oración es siempre eficaz, aunque a veces no sabemos por qué caminos. En el siglo IV, en Sebaste (hoy Armenia Menor), un grupo de cuarenta soldados romanos de la Legión XII *Fulminata* («Relámpago»), sufrieron martirio durante la persecución del emperador Licinio. Les dejaron desnudos durante la noche en un estanque helado. Se les oía rezar unos por otros con estas palabras: «Señor, cuarenta hemos entrado en el combate, cuarenta coronas te pedimos». Uno de ellos, sin embargo, abandonó y corrió a los baños de agua caliente preparados para quienes renegaran de Cristo. Y un soldado que los vigilaba, viendo un resplandor entre ellos, tocado por la gracia, se quitó la ropa y compartió su destino como nuevo cristiano[42]. El Maestro sale a buscar a sus discípulos al camino de Emaús, viene por segunda vez en busca

[41] NGUYEN VAN THUAN, F. X., *Testigos de esperanza*, p. 224.

[42] Cfr. BASILIO DE CESAREA, *Panegíricos a los mártires. Homilías contra las pasiones*, Homilía XIX, Ciudad Nueva, Madrid 2007.

de Tomás, no deja a nadie atrás. Así es su amor. *¿Y el mío, Señor? ¿Abandono a quien me necesita o, simplemente, soy indiferente? ¿He tirado la toalla con algún miembro de mi familia (marido, mujer, hijos, hermanos, padres), y le he dado —afectivamente— la espalda? ¿Me preocupo por mis amigos, pase lo que pase, e intento mantener el trato, aunque nuestros caminos se separen por circunstancias de la vida? ¿He dejado «atrás» a alguien a quien he querido, por no haber sido capaz de superar un enfado, un desencuentro, incluso una traición?* También nosotros hemos de deponer todo orgullo, perdonar y pensar siempre en el bien del otro, tendiendo generosamente la mano para reconciliarnos. Así es el amor de Jesús, y así ha de ser el nuestro. *No man left behind.*

Nuestra Madre la Virgen fue la gran «recogedora»: recogió a Pedro, a tantos apóstoles, los retuvo en el cenáculo aquel sábado previo a la Resurrección: a ella le pedimos que nos ayude a no dejar a nadie de lado: «de cien almas nos interesan las cien»[43].

No encuentro mejor manera para acabar este capítulo dedicado a la Resurrección que estas palabras de san Agustín de Hipona, en las que está condensado todo el misterio de la Salvación: la Encarnación, la Pasión, Muerte y Resurrección de nuestro Señor Jesucristo, el renacer del bautismo, la resurrección eterna y la Gloria:

En esta tierra, en este mundo malvado,
¿qué es lo que abunda sino el nacer, el fatigarse y el morir?
Examinad las realidades humanas
y convencedme si veis que estoy equivocado.

---

[43] San Josemaría, *Surco*, n. 183.

Considerad, hombres todos,
y ved si hay en este mundo algo más que nacer, fatigarse
   y morir.
Esta es la mercancía típica de nuestro país,
esto es lo que aquí abunda.
A por tales mercancías descendió el divino Mercader.
Y como todo mercader da y recibe:
da lo que tiene y recibe lo que no tiene.
También Cristo, en este mercado del mundo, da y recibe.
Y ¿qué es lo que recibe?
Lo que aquí abunda: nacer, fatigarse y morir.
Y ¿qué es lo que dio?
Renacer, resucitar y eternamente reinar.
¡Oh Mercader bueno, cómpranos!
Mas ¿por qué digo cómpranos,
si lo que debemos hacer es darle gracias por habernos
   comprado?[44].

---

[44] San Agustín, *Sermones*, n. 229E.

ESTE LIBRO, PUBLICADO POR
EDICIONES RIALP, S. A.,
MANUEL URIBE 13-15, 28033 MADRID,
SE TERMINÓ DE IMPRIMIR EN
ANZOS, S. L. FUENLABRADA (MADRID),
EL DÍA 14 DE DICIEMBRE DE 2023.